生涯現役社会が日本を救う!

（中小・ベンチャー企業経営コンサルタント）
菅谷　信雄　著

はじめに

私はメルマガを15年前から書き始め、これまでに４０００回近いメルマガを書いてきました。

２年前に、２年後の古稀を記念して、「生涯現役社会が日本を救う！」という書籍を出版することを思いつきました。その後、２年近くでメルマガの回数が１００回近く貯まってきました。

本書は、そのメルマガを再編集し、第1章、第2章として全面的に書き換えました。

一方、２００２年2月に出版した私の処女作「超失業時代を勝ち抜くための最強戦略」（明窓出版刊　２００２年2月出版）で私が予想したことの7割はその通りになりました。

即ち、私の世代、団塊の世代（昭和22~24年生まれ）が２０１５年には全員前期高齢者である65歳以上の年金受給開始年齢となる。４人に一人が65歳以上の超高齢社会では現行の社会保障制度は事実上破綻状態となることを予想しました。

同書で、私は国の問題先送り体質で、国の借金は際限なく膨張していくことを予想しました。

あれから17年が経過し、私の予想通り当時600兆円強だった国の借金は昨年末2倍近い1100兆円を超えました。今後更に膨れあがっていくことでしょう。

更に深刻なのは2025年問題です。

2025年には団塊の世代は全員75歳以上の後期高齢者となります。

その時点で、65歳以上の高齢者は3・3人に一人、75歳以上の高齢者は、5・6人に一人と予測されています。

現在、60代の人はまだまだがんばって働いています。

しかし、さすがに75歳になると働く人はごく一部の人です。働く気力も体力も衰えます。

結論から言うと生涯現役を生き抜いていくことが個人的に健康寿命を伸ばすことになります。

一応年金逃げ切り世代と言われている団塊の世代も安閑としてはいられません。なぜなら年金財源が不足することは明らかなので、政府としては年金の減額も考えられるからです。

だからまだ後期高齢者となる前の元気で働ける時に働くことをお奨めします。また、それが健康寿命を延ばすことに繋がります。

その結果、結局は政府の抱える三重苦、即ち年金破綻、医療費破綻、そして介護財政の破綻の防止に繋がっていきます。

その時には、生涯現役社会となり、本書がその一助となれば幸いです。

そして、第3章には、「生涯現役人生をを生き抜くための最強のビジネス・モデル」として、読者の経済的安定のヒントとなるビジネス・モデルを追加しました。

本書は17年前に出版した「超失業時代を勝ち抜くための最強戦略」の続編的意味合いもありますが、前書を読まなくても、事足りるようにしています。

そして、新元号令和の時代にはどのように生きていったら良いのか若い世代の人生指針にもなるように配慮しました。

新元号令和となり早速新聞社がアンケート調査したところ、令和の時代は、4割の人が景気が良くなると思い、悪くなると思っている人は僅か5％しかいません。

しかし、そんな甘い予測に期待していたら、企業も個人も大変な時代となる事だけは間違いありません。

本書が、新時代を生き抜くための指針となれば著者としては望外の喜びです。

菅谷　信雄

令和元年5月26日　古稀の誕生日にて

第2章　生涯現役社会が日本を救う！……57

第１章

政府の社会保障政策の失敗で１１００兆円の借金今後も更に増え続け子々孫々まで垂れ流し

1　年金制度の失敗

（1）皆保険制度として発足

日本の年金制度は国民年金法を根拠に１９６１年（昭和36年）にスタートしました。当時20歳以上60歳未満の者は国民年金への加入資格を持ちました。

国民年金導入時の男性の平均寿命は65・３歳、女性の平均寿命は70・２歳でした。そのため55歳から支給された厚生年金を会社員男性は10年間、夫が死亡後も国民年金は披扶養女性らが５年間程度受給するような制度でした。

サザエさんのお父さん、磯野波平さんは54歳の設定です。従って、定年まで後1年。定年後は10年間孫のタラちゃんとも楽しく老後を暮らす設定でした。

この頃は高度成長の時代でした。従って、この年金制度は国民に老後の生活を安定させる良い制度と思われていました。

日本の年金制度は、現役世代の保険料負担で高齢者世代の年金給付に必要な費用を賄うという世代間扶養の賦課方式です。人口構造がピラミッド構造ならこの

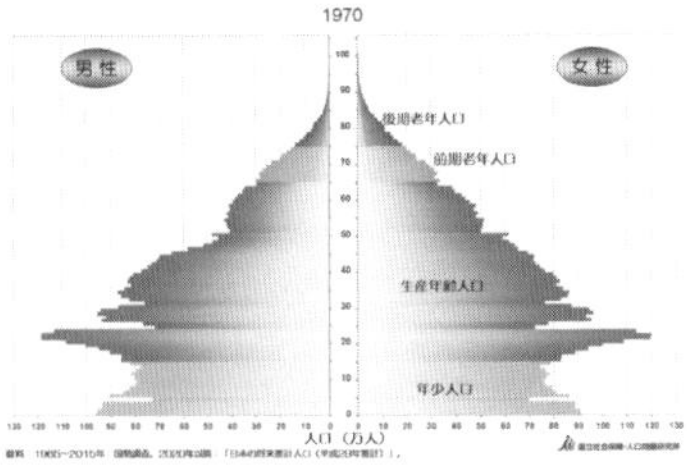

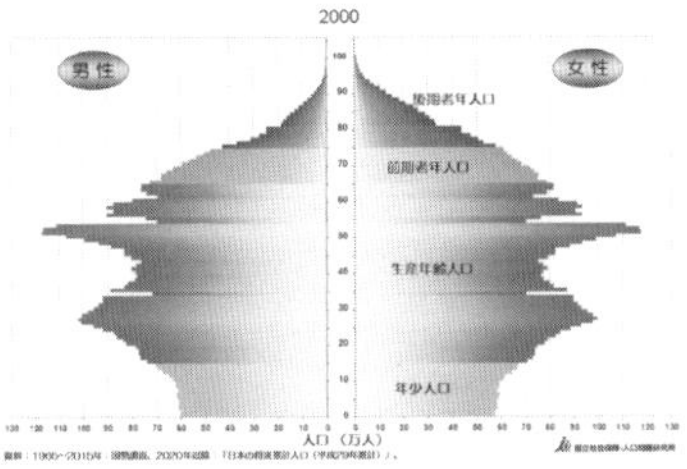

方式は作動します。

我々団塊の世代（昭和22年～24年生まれ）はまだ中学生だったので、高度成長の担い手として年金受給世代を充分支えていくことができました。

上右図は１９７０年（昭和45年）の人口ピラミッド構造ですが、昭和22年生まれの団塊の世代が丁度社会人になった年です。まだ、充分年金世代を支えていくことができます。

しかし、１９９９年にピーター・ドラッカーの「断絶の時代・新版」が30年ぶりに出版されました。そこで、ドラッカーは、予想以上に少子化のスピードが速くなり、今後先進国で出生率の低下と高齢化が加速し、人口構造が急変し、予想以上に少子高齢化が進展すると警告を発しました。上左図は２０００年の人口ピラミッド構造です。

しかし、政府はこの警告に耳を傾けず、年金制度を賦課方式から積立方式に改めず、現在に至っています。積立方式なら、受給年齢に達したらいくら受給できるかが容易に分かります。しかし、賦課方式は非常に分かりづらくなっています。

前書「超失業時代を勝ち抜くための最強戦略」を出版したのが2002年だったので丁度その頃でした。

当時団塊の世代は53歳~55歳でした。従って、2015年には全員前期高齢者である65歳以上の年金受給開始年齢となる。4人に1人が65歳以上の超高齢社会では現行の社会保障制度は事実上破綻状態となることを予想しました。

遅くともこの時期に年金を積立方式に切り換えていれば今日のような深刻な状況は避けられていました。

当時は小泉内閣でした。郵政民営化が一番記憶に残ります。私は郵政民営化には反対でしたし、今でも成功したとは思っていません。理由は本題から外れるので書きませんが、当時郵政民営化の代わりに年金問題に真剣に取り組むべきでした。小泉人気の時にそれを実行していたら、小泉首相は歴代に残る名首相となっていたでしょう。

当時、強力なリーダーシップを発揮していた小泉首相が、年金制度を国が全て面倒見るのは困難と判断し、民間の生命保険会社等に補完的に年金制度を任せ、優遇税制を入れて、徐々に移管していけば年金破綻は回避できたと思います。

当時団塊の世代は定年が見えてきた年代ですが、政府がうまく舵取りすれば、まだまだがんばって働けた頃でした。

しかし、さすがに75歳となるとがんばって働く後期高齢者はごく一部に限られてきますし、手遅れといえます。

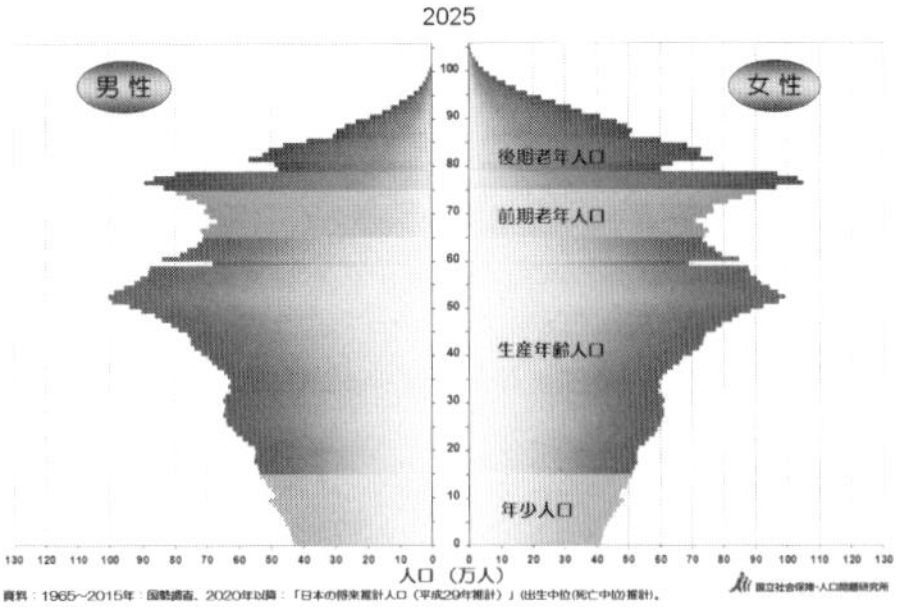

上図は２０２５年、団塊の世代が全員75歳以上の後期高齢者になる年です。逆ピラミッド構造が明白

です。

図は２０５０年、団塊の世代が全員１００歳以上になる年です。この年には完全に逆ピラミッド構造となります。

２０２５年には２人の生産年齢人口で１人の高齢者を支える時代となります。

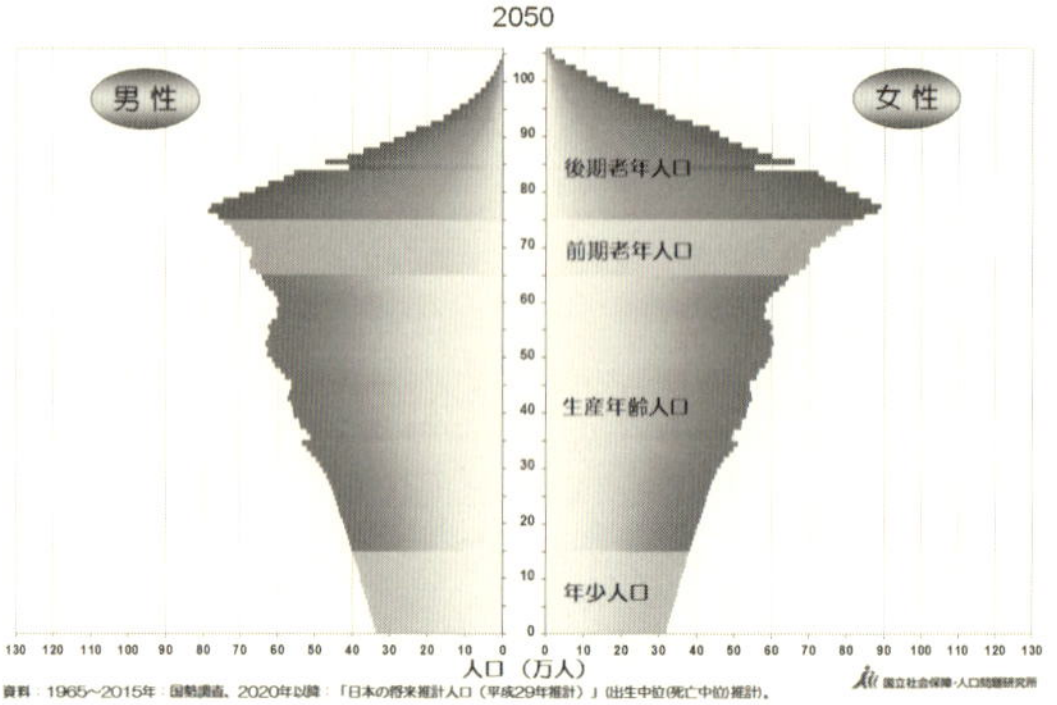

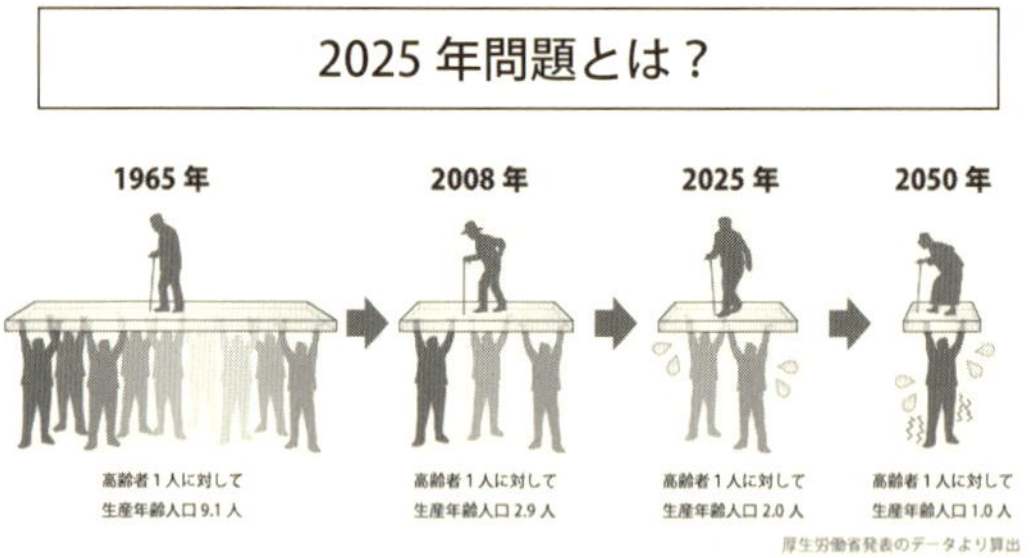

更に、２０５０年には１人の生産年齢人口で１人の高齢者を支える時代となります。しかし、誰の目から見ても無理と分かります。それでも政府は問題を先送りしています。

（2）年金の仕組みを理解する

本件に関しては、大蔵省の元官僚高橋洋一氏の「年金問題は嘘ばかり」（ＰＨＰ新書）が参考になります。

年金というと一般国民は非常に複雑で分かりやすいイメージですが、高橋洋一氏は分かりやすく解説しています。

①年金は保険

まず、年金は保険です。但し、国民皆保険ですから、税金同様納付義務が生じます。また日本の年金保険は、賦課方式を採用しています。この制度は、現在の年金受給者を現役世代が支える仕組みです。こちらは大半の国民が理解しています。

②各個人が受け取る年金受給予想額

各個人の年金保険料総支払額を年金受給開始年齢から20年で元が取れる仕組みとなっています。仮に60歳から受給開始の場合、80歳まで生きて元が取れます。

80歳より早く死亡すれば払い損、80歳より長生きしたら得になります。

人生100年時代を迎え、現在の高齢者の半数以上がもらい得となります。

しかし、現在は65歳受給開始が原則ですから、85歳まで生きて元が取れます。となると損得を考えると微妙と言えます。更に最近は70歳支給開始説が出て、更には75歳以上に引き上げることも検討されています。そうなると損得勘定だけなら過半数の国民が損をする仕組みとなるかも知れません。


それでは毎月受け取る受給額はいくらになるのでしょうか。

年金保険料は現在18・3%、それを労使折半しています。18・3%を丸めて、20%とします。従って、各自の予想受給額は、生涯にわたり払い続けてきた年金保険料を基に平均年収の約40%と計算します。

新入社員の時の初任給が20万円の人が、定年時の給与が50万円とします。ざっくり25万円＋50万円を2で割って、35万円とします。その4割ですから、毎月の受給額に換算すると14万円となります。

但し、個人事業主、個人は基礎年金しかもらえません。現時点でのシミュレーションでは、年額78万円、これを月換算すると僅か6万5千円です。

これでは到底老後の生活はできないので、若い頃から別途老後の資金計画をしっかりと立てる必要があります。

なお、大企業勤務者は、別途企業年金制度があり、これを受給できるので、更にプラスアルファの収入があるので、個人差があります。

従って、年金保険に関しては、まず各自の受給金額をシミュレーションし、それに対し、不足額をどうするのかを人生設計に入れておくことが重要です。

これを若いうちからしっかりと人生設計を立てることが重要です。歳をとってからでは、だんだんと勤務先も限定され、収入増も期待できなくなります。

③年金定期便

企業によっては、源泉徴収した年金保険料を未納のケースもあります。また、本人の所得をごまかして納入するケースもあります。

そこで、年金定期便で不正がないかをチェックすることが重要となります。年金定期便は、唯一国と国民を繋ぐ具体的なコミュニケーションツールと言えます。

（3）年金制度は破綻するのか？

元大蔵官僚の高橋洋一氏は、年金は破綻しないと力説しています。

では、なぜ年金破綻が言われているのでしょうか。

それは、そう煽っておいた方が為政者を始めとした利権構造側には都合が良いからです。

①政府

年金は保険であり、世代間で支える仕組みなので、消費増税は本来関係ありません。消費税を財源の一部に組み込むことは、年金保険の本筋から外れているから高橋洋一氏は反対です。

②厚労省

現在の国民負担率は18・3％で、これを労使折半します。これを値上げすると国民の反発を受けるので、消費増税論議をしてくれた方がありがたいからです。

③財務省

消費増税で税収増になれば、財務官僚の権限が増えるからです。

④大企業

消費増税は、企業間取引している企業にはそれほど影響はない。なぜなら、企業の売上高は基本的に消費税抜きで計算します。取引先から頂く消費税は預かり消費税であり、取引先に支払う消費税は仮払い消費税です。消費税はあくまでも預かり金です。

一方、現在の国民負担率を上げると、企業側は労使折半の為、企業の負担率が増えるからです。

⑤マスコミ

マスコミの目線は政府であり、大企業、そして官僚です。正しいことを正しいと言えるマスコミ、そしてエコノミストは少数派です。

従って、マスコミの報道をそのまま鵜呑みにすると国民はミスリードされます。

事実、マスコミの報道の影響で、財政再建のため国民は概ね消費増税には同調しています。しかし、最近（５月）の調査では過半数の国民が10月の消費増税に反対しています。

（4）経営コンサルタントとしての意見

元大蔵官僚の高橋洋一氏の意見には説得力があります。

①現行賦課方式の問題

厚生年金の貸借対照表	
資産	負債
将来保険料 1470兆円	2030兆円
国庫負担 390兆円	
積立金 170兆円	
2030兆円	2030兆円

しかし、現在の賦課方式の基本は、年金受給世代を現役世代が年金保険料の支払いで賄う仕組みです。

従って、前述の通り、超高齢社会の進展に伴い、現役世代の負担が年々きつくなります。その分、積立金を取り崩すことになり、国庫負担は年々増加していきます。

２０２５年には現役世代２人で１人の高齢

者、２０５０年には現役世代１人で１人の高齢者を支えることが予想されます。

これに対し、何ら明確な回答はなく、楽観的な予測に止まっています。

②経済政策

高橋洋一氏は、経済政策が順調で、リーマンショッククラスの世界的な経済的破綻がないなら現在の年金制度が破綻することはないと楽観的です。

高橋洋一氏は、経済政策に関しては、年率４％のインフレが続くなら問題なしとしています。

しかし、平成時代の30年間は、消費増税をしたため、消費不況の30年でした。アベノミクスは、異次元金融緩和のお陰で民主党政権の時に１万円を割り込んだ株価を2万円台まで回復させました。その点は株式投資で儲けた人が消費に貢献しています。

しかし､平成時代30年間を通じサラリーマンの可処分所得は減り続けています。

正しい経済政策は、トランプ大統領のように規制緩和と減税ですが、安倍内閣はそれとは真逆の政策です。

安倍内閣は、今後も社会主義政策をとっていくので、4%はおろか2%の経済成長率さえ達成は厳しいと言えます。

③リーマンショッククラスの世界的な経済的破綻は起こるのか？

しかし、米中の貿易戦争は、既に民主主義国家対全体主義国家の戦いに発展しています。ＩＴ技術、そして今後はＡＩとその核となるビッグデータは軍事技術の中核です。中国はそれまで知的財産権を盗み、そのほかＷＴＯ（世界貿易機構）のルールを破り、ＧＤＰ世界第2位の地位まで上り詰めてきました。

今後は米中間の覇権争いに進展していくことが予想されます。トランプ大統領は、中国を米国と戦えない国力まで落とすことを考えています。

そうなるとリーマンショックを超える大きな衝撃を世界中に与えることになります。

さらには、今後は電気自動車の時代となります。そうなるとトヨタ自動車の競合はグーグルや電機メーカーがライバルとなって来ます。

その時には、トヨタ自動車を始めとした大手自動車の経営危機も視野に入れておく必要があります。その時は、巨大なピラミッド構造の自動車産業にも大きな影響を与えます。さらには、フィンテックの発達により、メガバンクの経営危機も予測されます。

元大蔵官僚には、そこまでの視点視野で世界経済を見通すことは厳しいようです。

④日本は震災大国

さらには、日本は震災大国です。首都圏直下型大地震は、今後30年以内に発生する確率は70％と言われています。もし、発生したら、東日本大震災震災を超える遙かな経済的ダメージを受け、日本経済は立ち直れなくなる可能性が出てきます。

以上を総合的に勘案すると、高橋洋一氏の意見は元財務官僚のミクロ的視点では、日本の年金制度は破綻しないと言えます。

しかし、中長期的の視点で見るなら決して楽観視できるものではなく、国民は自分の人生設計を立てた上で、老後の資金計画も若いうちからしっかりと立てることが個人的にも最重要の個人戦略といえます。

2 待ったなし！2025年問題

年金保険制度の破綻だけでなく、２０２５年には団塊の世代が全員75歳以上の後期高齢者となります。

団塊の世代は昭和22年から24年に産まれた戦後ベビー世代で、この3年間の出生数は約８０６万人で、その後の3年間の約６４８万人に比べて24・3％も多い。

団塊の世代が生産年齢人口の時は、日本経済を牽引してきた大きな役割を担ってきました。また、消費においても大きなボリュームゾーンとして存在を示してきました。

しかし、その大半は定年退職し、２０２５年には全員後期高齢者となる75歳以上となります。これが日本の社会保障制度に大きな影響を与えています。しかも、人生１００年時代が進んでおり、平均寿命が毎年伸びています。但し、健康寿命はそれほど伸びていません。

健康寿命は、現在男性71・2歳、女性74・2歳ですが、平均寿命は男性80・2歳、女性86・６歳です。つまり男性で９・０年、女性で12・４年が要介護期間となり、国の社会保障財政を圧迫しています。

更に団塊の世代が後期高齢者となる２０２５年以降は更に深刻化していきます。

さらには、医療保険と介護保険制度も破綻しています。これも政府の政策の失敗が原因です。

３　際限なく膨張していく社会保障費

１９７０年から１９９０年までの20年間は国民所得は右肩上がりの経済成長の時代でした。

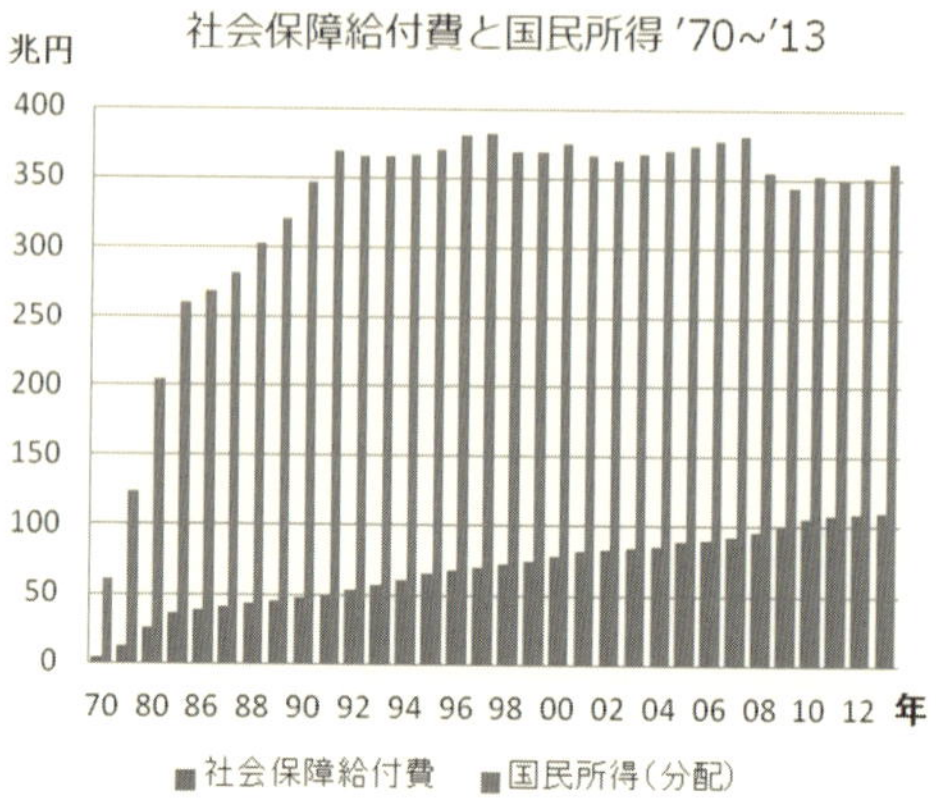

それに伴い社会保障給付費も増額しています。しかし、90年以降バブル崩壊以降は国民所得はほぼ横ばい状態が続いているにも関わらず、社会保障給付費は毎年増加しています。その結果、サラリーマンの可処分所得は減少の一途を辿っています。２０００年には４２９万円だった可処分所得が、２０１８年には４１０万円と約20万円、５％弱減少しています。当然消費が上向くわけはなく、消費増税すれば消費不況に追い打ちを掛けます。

４ 国民医療費・介護費用の政府見通し（平成30年5月公表）

国民医療費は年々増加しています。２０１８年には医療費39・２兆円、介護費

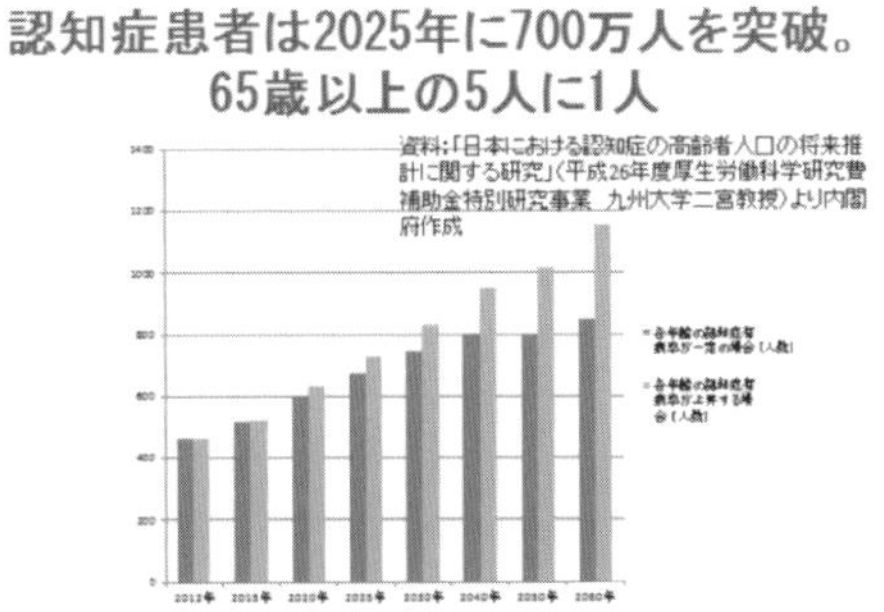

10・７兆円、計49・９兆円でした。しかし、団塊の世代が全員後期高齢者となる２０２５年には68・１兆円（内訳医療費47・８兆円、介護費15・３兆円）と７年間で18・２兆円、36・５％も急増が予測されています。

なお、認知症患者は２０２５年に７００万人を突破。65歳以上の５人に１人が介護を受けると予測されています。

介護保険制度は、平成12年度（２０００年）からスタートしました。しかし、私は国が主体となって行う介護保険制度には反対でした。

なぜなら、国がやることのムダ、非効率さ、更には利権構造の巣窟となるからです。

介護保険財政は赤字であり、それに伴い介護保険料は値上げされます。民間なら簡単に値上げなどできません。どうしたら経費削減をするのかと知恵を絞ります。

事実、厚労省も経費削減の一環として、要介護認定を厳しくして、経費削減を図っています。これも民間の発想と異なります。民間ならいかに経費削減を図りながら、サービスの維持に努めます。

昨年、私の父が入院し、担当医から脳の手術を奨められました。私は、父は95歳の高齢なので、無理して手術を受ける必要はない旨一旦お断りしました。しかし、担当医から「簡単な手術で直ぐに終わります。後遺症もありません。」と強く奨められたので、手術を受けることを承諾しました。

手術は無事終了し、請求書が届きました。9万円＋諸雑費（紙おむつ代他）2万円強でした。個人負担割合は1割なので、実質治療費は3週間で90万円にも上ります。

95歳の高齢者を入院させると病院側の収入は90万円にも上ります。父は上客と言えます。

ところが退院後、父は車椅子生活となり、要介護認定4となりました。

入院騒ぎの心労で88歳の継母は要支援2から要介護認定3まで上がりました。

二人は自力では生活できないので、川崎にある要介護施設付の老人ホームに入居することとなりました。毎月の生活費は二人で50万円かかります。

この費用は八王子の自宅マンションを売却することで、賄うことにしています。

もし、両親が毎月の生活費を負担するの能力なければ、そのツケは私の所に来ます。

要介護認定の二人には国の介護保険制度から補助が出ます。

昨年、父の手術をきっかけに、国の介護保険制度と医療行政の実態を体験しました。同時にその矛盾を経験しました。

超高齢社会が益々進展しいくなかで、父のような高齢者が入院治療するケースが今後は更に増えることが予想されます。

それは裏返せば現役世代の負担増となります。

やはり心身共に元気な生涯現役社会を創っていくことが重要であることを父の介護を通じ教訓となりました。

5　中高年フリーターの増加により生活保護世帯が急増していく

最近は定年退職前でも職がなかなか見つからない中高年フリーターの数が増えているそうです。これは人材のミスマッチから来るものです。これまでの自分の経験が活かせずに、次の職場が見つからずに困っている中高年が増えています。

彼等は生活のために、生活保護を受けざるを得ません。

現在、年金も掛けていない人も増加しているので、今後年金がもらえない人の増加が予想されています。そんな人が駆け込む先は生活保護となり、こちらも隠れた社会保障問題となっています。

生活保護

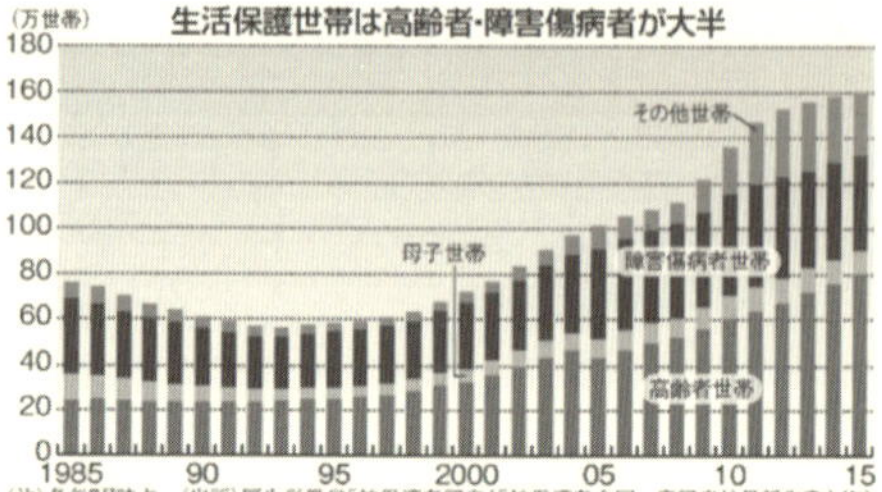

(注)各年7月時点　(出所)厚生労働省「被保護者調査」「被保護者全国一斉調査結果報告書」

6　なぜ国の借金は今後も増え続けるのか？若者にも責任の一端はある

政治家のお客様は自分に投票してくれる選挙民です。50代以上の人口は若者の大雑把に言って3倍います。これに対し、投票率は年齢が上がるにつれて上昇していきます。こちらも大雑把にいって2倍です。票田にすると政治家のお客様である投票者は中高年以上となります。

当然、社会保障給付費を手厚くし、老後は問題ないと有権者にアピールします。従って、予算配分はどうしても若者向けの予算配分、例えば出産、子育て等が手薄になっています。

一方、役人は医療、介護等それぞれの縦割り行政の中で、できるだけ予算を確保し、自分たちの権限を確保し、省益を重視していきます。

長年、国の政策の誤りを正さないまま現在に至り、目先の利権構造に走ってきました。

その結果、国の借金は１１００兆円を超え、毎年増加しています。

7 医療費を高騰させている現代の医療行政

（1）高血圧症の利権構造

現役医師松本光正先生の著書「高血圧はほっとくのが一番」「やってはいけない高血圧治療」の2冊は、現代の医療行政を強烈に批判しています。

松本光正先生は、高血圧の患者に血圧降下剤を投与してきたが、脳梗塞の患者が頻繁に出るようになり、調べたところ、降下剤を投与すると却って脳梗塞のリスクが高まることを自ら体験しました。

そしてガンに罹りやすくなります。そして、認知症患者が急増しています。

そもそも厚労省の高血圧に関するガイドラインは、2000年までは180でした。

それを8年後の2008年には何と50下げて130まで落としました。

その結果、高血圧症患者が1000万人超に急増しました。国民12人に1人の割合です。そして、高血圧薬市場は２０００億円から1兆円の巨大市場に膨れあがりました。

さらには、がん患者の増加と認知症患者の増加によりこちらの市場も急拡大しています。

その結果、医療費は40兆円を超え、国民の負担は年々増加しています。

松本光正先生は、この現状を憂え、同業者からの批判を覚悟の上で、出版に踏切ました。

血圧は、本来加齢と共に高くなっていきます。従って、血圧の目安は年齢＋90だそうです。70歳なら１６０です。高血圧症で医師にかかる必要のある数値は年齢＋１１９もしくは２００が目安だそうです。

この基準を基に判断すれば、患者数は５％へと激減します。当然、医療費も激減します。

（2）コレステロールに関する利権構造

コレステロールに関しても松本医師は同様の主張をしています。

日本ではＬＤＬコレステロールの事を悪玉コレステロールと呼び、コレステロールが高いと健康に悪いイメージがあります。

しかし、もともとコレステロールは生命の維持に必要なものです。

従って、却って高コレステロールの方が長生きするとの臨床結果も出ています。

松本光正先生曰く、「間違っても医者からコレステロールが高いからコレステロールを下げる薬を勧められても飲むな！」と力説しています。

抗コレステロール剤の副作用として、手足のしびれ・こわばり、脱力、筋力低下、筋肉痛、歩行困難、赤褐色の尿、肝臓の重い症状等々。

３００を超えるような極端な場合を除き、２００を超える程度のコレステロール値なら、抗コレステロール剤を飲むと、その副作用の方が却って怖いですね。

（3）がんの利権構造

長年放射線治療に携わってきた専門家で、現役の慶応大学病院の近藤誠医師が政財官の利権構造を指摘しています。

がんには2種類あり、他に転移していないがんは、欧米ではがんとは認めていません。なぜなら他に転移していないがんは、命を奪わないからです。これを近藤先生は、がんもどきと呼んでいます。

早期がんで発見されるがんはこれです。体に不調がない場合、がんもどきといえます。

日本では、早期がんの発見を官民挙げて国民に訴えていますが、これは全く無意味だそうです。

人間ドック等で早期がんが発見された場合、日本の病院では手術または抗がん剤を投与しようとします。しかし、これは患者の命を縮めるだけであって、百害あって一利なしとのことです。

早期がんは放置しておけば良いのです。まれにホンモノのがんが見つかることがありますが、それでも手術または抗がん剤の投与は、患者を苦痛に追い込むだけで、医者が儲かるだけです。ホンモノのがんにかかった場合、現代医学は通用しないそうです。

医師から、「余命3ヶ月」を告げられることが良くありますが、安易に「余命3ヶ月」を告げる医師は信用しないことです。

ホンモノのがんにかかった場合、個人差が大きく、半分の人は1年生きることが統計学上わかっています。もちろんそれより短命の人もいますが、3ヶ月でなくなることはまずないそうです。

中には5年生きる人も多数おり、中には10年近く生きる人もいます。

医師のアドバイスに従い、手術または抗がん剤を投与した場合、一気に寿命が縮まることが多いそうです。

歌舞伎の中村勘三郎さんは、食道がんの早期発見で入院しました。前日、ゴルフコンペで準優勝したくらい元気でした。

しかし、手術の結果、容態は急変し、入院後、４ヶ月で53歳の若さで命を落としました。

ではなぜこういう悲劇が起きるのでしょうか。

それは政財官界の利権構造が色濃く反映されています。

製薬会社の新薬開発の認可基準は甘く、新薬で大きな利益を得られます。

病院は、手術と抗がん剤で儲かります。

厚労省には、製薬会社からの天下りがあります。

政治家は病院、製薬会社は大きな票田となります。

だから早期がん発見↓手術、抗がん剤投与という儲かる仕組みができあがりました。

国民の立場からみれば、人間ドック等で早期がん検査をしない。仮に早期がんが発見されても、死にたくなければ絶対に手術または抗がん剤の投与は受けない。万一、ホンモノのがんが見つかったら、手術または抗がん剤治療はしないことをベースに、良心的な医師と相談しながら治療を受ける。

現代医学が発達する以前、高齢者の死亡原因の多くはがんだったそうです。がんにかかるとだんだんと食が細くなり、最期はそれほど苦痛を覚えずに、安らかに「畳の上」で死ぬことができます。

国民総医療費は現在40兆円にふくれあがっていますが、その内がん治療費用、終末医療費用等病院の利益追求のために使われている医療費は推定で10兆円以上に及ぶとみられています。

この分だけでも、削減したら消費増税しなくてもすみます。

近藤先生は、放射線治療医師として、手術または抗がん剤を投与しない治療方針で23年に亘り実施してきています。

国民医療費の推移

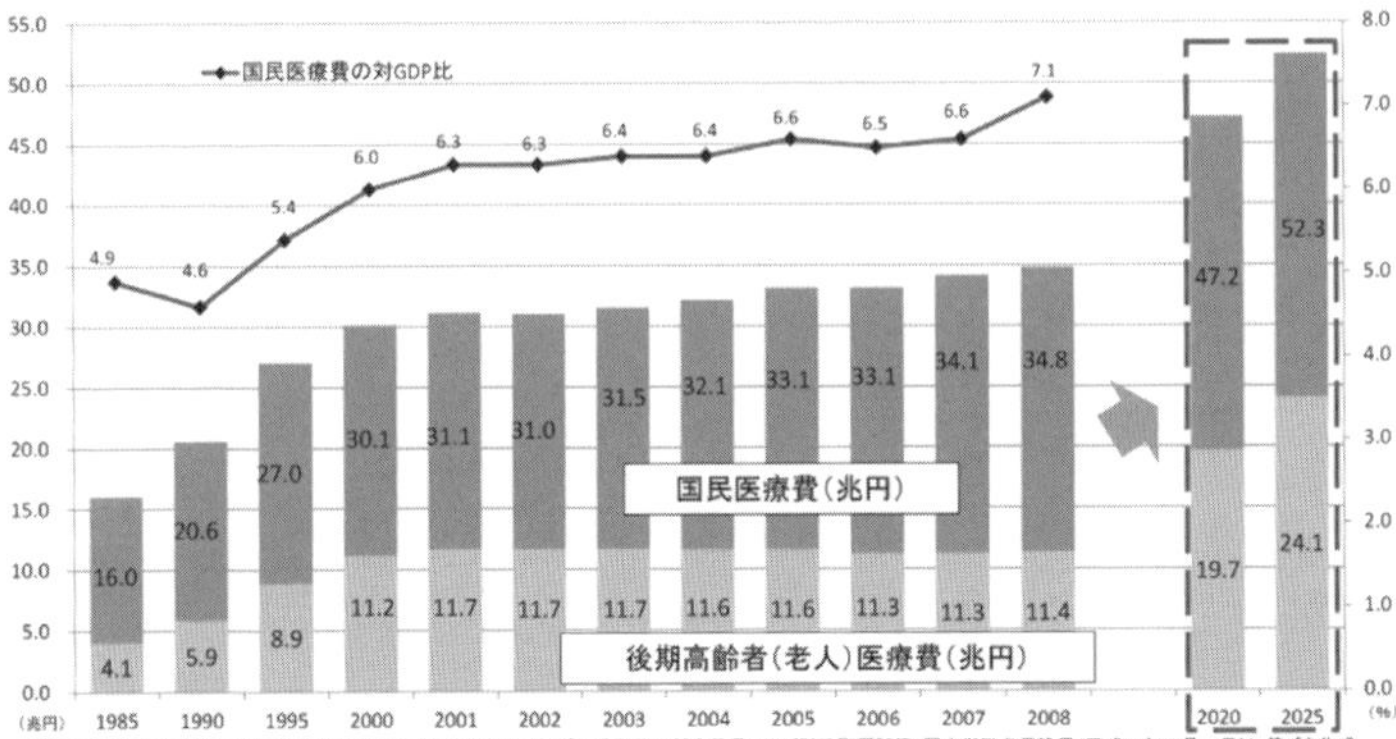

資料：2009年度までは平成23年度「厚生労働白書」、2015年以降は「医療費等の将来見通し及び財政影響試算」厚生労働省保険局（平成22年10月25日）に基づき作成。

ビジネスの観点から見たら自分の首を絞めるような行為です。また、業界の猛反対があったことと思いますが、その勇気に脱帽です。

要は、政府が利権構造にメスを入れ、医療行政を改革したら、医療費は大幅に下がります。

一方、トランプ大統領を見習って減税をすれば消費が上向き、景気が良くなり、お金が回るようになります。

デフレ時代には、消費税減税が景気を良くします。政府の御用学者や役人の言説に振り回されないようにするのが賢明と言えます。

8　消費不況の平成時代30年間

（1）消費税導入で消費不況の平成時代30年

消費増税は、デフレの時代にはやってはいけない増税策です。

答えは極めて簡単でシンプルです。

今年10月に予定されている消費増税8％から10％に上げた場合、企業側の売上高は変わりありません。企業間の取引は原則消費税抜きで行われ、消費税分は預かり消費税、仮払い消費税となります。但し、企業の資金繰りには影響を与えます。

なお、今回の消費増税に際し、複雑な軽減税率を発表しました。これは企業の事務負担とシステム改修費のツケが企業にずしんときます。また、国民にとっても非常に煩雑で、コンビニやスーパー等のレジの事務負担が増え、混乱を来します。

消費増税を個人の側から見たら、物価が8％から10％へと物価が2％上がったことになります。しかも、今度の値上げは消費税の計算が暗算で簡単にできます。

980円の商品を買った場合、8%では直ぐに計算できませんが、10%なら直ぐに980円と計算できます。そこで消費税の重みをずしんと感じ、980円の消費税なら購入を見合わせることも頻繁に起こってくると思われます。

また、サラリーマンの小遣い、仮に3万円として、2%分の600円が上がることはまずないと思います。子供の小遣いも然りです。

なお、消費増税は、年金支給額に反映されるそうですが、ただでさえ年金財政が悪化しているので、全額反映できるかどうかは微妙です。

そうなると消費者の財布のひもは固くなります。給料日前のサラリーマンの財布のひもは固くなります。25日前の居酒屋、床屋、レジャー施設は影響を受けやすいと言えます。

消費増税が許されるのは右肩上がりの高度成長の時代です。給料が毎年上がっていくので、消費増税はベースアップと定期昇給で直ぐに吸収されます。

（2）大失敗のバブル潰し

三重野康氏（故人）は１９８９年12月に第26代日本銀行総裁に就任するとインフレなき経済成長を掲げ矢継ぎ早の金融引締め政策を実施しました。その結果、１９８９年12月29日終値に最高値３８９１５・８７円を記録した日経平均株価は、坂を転げ落ちるように暴落していきました。

私は、１９７２年田中内閣時代に景気が加熱したために、翌年蔵相に就任した福田赳夫氏（故人）が総需要抑制などのインフレ抑制策を発動した為に、景気が落ち込んだことを思い出しました。今後大不況が来るので、絶対やってはダメだと心から叫びました。

歴史の教訓を学ばない経済政策の失敗は、ご存知の平成大不況へと突入しました。

この影響で多くの日本企業が倒産しました。

経済音痴の役人の独断と偏見によりいかに日本の企業及び国民が被害を受けたことでしょうか。私は三重野元日銀総裁の実施した総量規制は、合法的な犯罪と思っています。

そして、失われた10年、更には20年、そして、その後も消費税導入を始めとする政府の経済政策の失敗が続き、平成時代を通じＧＤＰは伸び悩みました。

（３）諸外国とのＧＤＰ成長比較

平成時代30年間のＧＤＰの推移を外国と比較してみると下表の通りとなります。

米国	4.1 倍
英国	4.9 倍
韓国	17.8 倍
中国	75 倍
日本	1.5 倍

かつて英国はゆりかごから墓場までの高福祉高負担政策を掲げていましたが、国民は働く意欲を失い、英国病と揶揄されていました。

その英国病を救ったのがサッチャー首相でした。徹底的な規制緩和による小さな政府を目指し、減税を実行し、見事英国を蘇らせました。

安倍政権は、高福祉高負担政策を目指し、どんどん社会主義政策を採り入れ、かつての英国を目指しています。その結果、現在の日本もかつての英国同様日本病といわれるようになっています。

安倍首相が、産業界の人気取り、国民のご機嫌取り等空気を読む忖度政治に陥っているので、今後日本はデフレスパイラルから抜け出すことはできません。

政府が野党のお株を奪う社会主義政策を矢継ぎ早に出すのに対し、野党は政府与党と戦うだけの政策提言を出さず、離合集散を繰り返し、国民は呆れています。その結果、安倍一強体制、そして与党一強体制となっています。

世界企業の時価総額を比較してみると、平成元年には、ベスト10内に、日本企業が8社も占めている独占状態でした。

しかし、30年後の平成31年には日本企業は1社も入っていません。

日本企業のトップはトヨタ自動車の第42位というていたらくです。

その原因は先にも触れた消費税不況、日銀によるバ

時価総額　ランキング

（兆円）

平成元年（1989）		
1位	NTT	24.4
2位	住友銀行	10.1
3位	日本興業銀行	9.8
4位	第一勧業銀行	9.2
5位	富士銀行	9.1
6位	IBM	8.7
7位	三菱銀行	8.3
8位	エクソン	8.0
9位	東京電力	8.0
10位	三和銀行	7.2

平成31年（2019）		
1位	マイクロソフト	100.3
2位	アップル	99.3
3位	アマゾン・ドット・コム	97.0
4位	アルファベット（グーグル）	90.6
5位	バークシャー・ハサウェイ	54.8
6位	フェイスブック	52.7
7位	アリババ集団	52.3
8位	テンセント	48.5
9位	ｼﾞｮﾝｿﾝ・ｴﾝﾄﾞ・ｼﾞｮﾝｿﾝ	41.3
10位	エクソンモービル	37.9
42位	トヨタ自動車	21.2

ブル潰し、政財官界の利権構造、官主導による金融業界の護送船団方式、岩盤のような固くて多い規制です。

昭和の最後、中曽根内閣の時に電電公社、国鉄、専売公社の民営化は大成功しました。特に、通信市場の自由化により巨大な市場が創造され、日本経済の発展に貢献しました。

私は三井物産在籍中にテレマーケティングの新会社株式会社もしもしホットラインを設立しました。

１９８７年１月〜10月まで、出資者の募集（設立時資本金は三井物産の２３０百万円57％を含め４０５百万円）、給与体系、人事制度、就業規則、社内組織、新事務所探し、什器備品の調達、従業員公募、受注第１号、深夜の初代カスタマーセンター長兼任など、同社をゼロから立ち上げました。この貴重な経験のお陰で、その10年後に25年勤務した三井物産を早期退職しました。そして、現在経営コンサルタントができるのもそのお陰です。私の人生を変えたのは中曽根首相と言っても過言ではありません。

政府は、通信自由化の成功事例があるのに、それに習おうとしません。自らの過去の失敗事例や英国の失敗事例等学ぶべきことは多々あるのに、学ぼうとしません。

今の日本政府は経営感覚がなく、経済音痴です。また、官僚は省益のことしか考えないので、それが日本経済の足を大きく引っ張っています。

9　令和の新時代を俯瞰する

（1）政府がとるべき正しい政策とは？

米国トランプ大統領の規制緩和と消費税減税を始めとした減税策を見習って、実行していく事です。

消費増税は消費不況を招くと言いました。それなら消費税減税をすれば、消費は好況に向かいます。

消費増税の時の消費者心理と逆の現象が起こります。

つまりサラリーマンの小遣い3万円は変わらなくても、減税分可処分所得が上がるからです。主婦の財布も消費税減税分ゆるくなり、消費はアップします。なぜなら先ほども解説したように消費者は消費税込みで商品代金を把握しているからです。

しかし、私がいくら叫んでも利権構造でがんじがらめの政府には期待は余りできません。従って、（3）のようになると思います。

（2）令和時代に予想される4つのショックとは

日本は明治維新以来これまで外圧により国難を乗り越えてきました。

敗戦による焦土から見事経済復興、そして奇跡の発展をしてきました。

従って、現在の日本の岩盤のように厚い各種利権構造をたたき壊すのは外圧を中心とした下記4つのショックしか残念ながらありません。4つのショックが一つ以上起きる確率はほぼ100％近いと考えます。

①北朝鮮の核ミサイル発射

北朝鮮の核ミサイル発射危機や、中国の軍事的脅威は年々深刻さを増していま す。にも関わらず、平和ぼけ国家日本は終戦時に米国占領軍GHQから押しつけられた臨時憲法を未だに死守しています。

北朝鮮の核ミサイルが日本に落とされた場合、落下地点にもよりますが、100万人単位の日本人の死傷者がでます。その時に、初めて自分の国は自分で守ることの重要性を心底認識します。そして、憲法9条を始め、現行憲法の問題点、時代にそぐわなかった条項を改定することになるでしょう。

この時、日本経済は膨大な被害を受けるでしょう。その復興の為に、東日本大震災の時と同様に復興税が新設され、日本経済の足を引っ張ることになるでしょう。

なお、東日本大震災の復興の為に、0・21%の特別復興税が課されていますが、こちらも各政党と利害関係業界の利権の巣窟に使われていると聞き及びます。

一方、日米安保条約に基づき、日米軍が北朝鮮を攻撃して、南北朝鮮の合併が進むことになるでしょう。

しかし、中国は北朝鮮を緩衝地帯として温存しておきたいので、第2次朝鮮戦争が起きる可能性は否定できません。

②首都圏直下型大地震

今後30年以内に首都圏直下型大地震が起こる可能性は70％と言われています。もし、起きたら経済被害額は天文学的な数字となり、日本経済は破綻へと追い込まれる可能性があります。その時はハイパーインフレが起こる可能性もあります。

昭和56年（１９８１年）５月以前の旧耐震基準の建築物は多数存在します。特に、旧耐震基準のマンションの被害が大きいことは予想されます。全壊するなら建て替えの促進材料となりますが、一部損壊の場合にはそのまま建て替えできずに残り、社会問題となる可能性があります。

旧耐震基準の戸建て住宅は、倒壊する建物が多いので、震災を機に建て替えが進むとみられています。

ただ、超高齢社会が更に進展しているので、高齢者が建て替え負担する経済力があるかどうかは疑問です。

一方、壊滅的打撃を受けている日本に対し、諸外国や国連の支援が受けられるかも知れません。一方で、日本の植民地支配を狙っている中国にいろいろな口実を使われ、侵略されるリスクはあります。

③ハイパーインフレ

昨年末国の借金は1100兆円となりました。為政者の立場からすれば、ハイパーインフレが来れば、その分実質借金負担額が減るので、それを期待する為政者は本音ベースでは多いと思います。

政府がこのまま社会主義政策を続け、大きい政府を続けていくなら、借金は更に膨れあがります。

2017度末の家計の金融資産残高は、1829兆円となり年度末の残高としては過去最高となり、増加傾向にあります。

これを超えるとさすがにまずいと危惧されています。しかし、国の借金の増加額は毎年15兆円程度の増加なので、これを超えるのに50年近くはかかります。だから政府関係者は脳天気を決め込んでいるようです。

④米中代理戦争の勃発

私はこの確率が一番高いのではないかと危惧しています。

米国はこれまで中国は経済発展すればいずれ民主国家に変わるだろうと希望的観測を持っていました。しかし、それは打ち砕かれ、中国の人権無視の21世紀型植民地侵略主義に警戒を抱き始めています。

その一環として、昨年トランプ大統領は、中国と貿易戦争をしかけ、冷戦がスタートしました。特に今後はＡＩやビッグデータを中心としたＩＴの覇権争いで両国がしのぎを削っていきます。

両大国がガチンコで直接戦争することはないでしょう。あるとしたら４つのシナリオです。

第２次朝鮮戦争の勃発。

朝鮮戦争は終戦ではなく、停戦状態です。現在南北朝鮮は文在寅政権の融和策により戦争の可能性は低いですが、文在寅大統領退陣後は朝鮮半島情勢が大きく変わる可能性があります。

次に尖閣諸島への中国の侵略。

こちらが一番可能性の高いシナリオと思います。その場合、日米安保条約の規定に従い、米軍を派遣し、日本を守ることになります。しかし、それも絶対とは言えません。国際関係はお互いの利害に基づいて行われます。いろいろな互恵関係に基づき、決められるからです。

中国による台湾併合。

中国は公然と台湾を自国の領土と宣言し、台湾の主権を侵害しています。次期総統選で親中の国民党政権が誕生した場合、一気に併合される可能性が出てきます。その場合、米国は黙っていないでしょう。台湾の独立維持をかけた戦いが始まるかも知れません。

台湾併合の場合、日本のシーレーンは抑えられ、日本経済は大打撃となり、中国に支配されることになります。

更には沖縄の侵略です。

こちらは普天間基地から辺野古への基地移転に親中の極左系県知事が必死に抵抗しています。

この内紛に米国が嫌気をさし、米軍を沖縄県から撤退したら、その時は、沖縄は中国に一気に支配されることになります。

沖縄を舞台とした米中と日本の戦いとなります。朝鮮半島や台湾での戦いなら、日本は経済的メリットがあります。しかし、自国での戦いは経済的に大きな負担となります。

（3）ショック後の日本の政治経済社会は大きく変わる

①利権構造の崩壊

政財官界の利権構造の崩壊、補助金行政の廃止、規制緩和、行政のスリム化等ショックの程度に応じて改革が実行されていくことが期待されます。

これだけでも10兆円以上の節税となり、消費税は不要となります。そして、企業と国民負担が軽くなり、景気浮揚が期待できます。

②大きな政府から小さな政府

大きな政府は国民の活力を殺ぎ、国家衰退の道を辿ります。よく「善意で舗装された道の先は地獄」と言われます。現在の日本の政治社会体制がそれに当たります。英国病を他山の石として、「日本のサッチャー首相現れよ！」です。

③大家族制度の復活

超高齢社会を乗り切るためには、昭和の時代の大家族制度を復活せざるを得ません。税制面でも優遇政策をとっていくことになるでしょう。

また、財産相続では、親の面倒を見る子供に優先取り分を与えるよう改革をする必要があります。

④住宅政策の大転換

持ち家推進から、良質な賃貸住宅推進に舵取りすべきです。

一方、1000万戸になろうとしている空き家の有効活用が不可欠です。基本的には民間主体で進めていくことが前提ですが、低所得者層向けには地方自治体がシェアハウスも含めた空き家対策を実施していくべきと考えます。

第2章

生涯現役社会が日本を救う！

1　生涯現役人生を送ることが日本を救う！

（1）さわやかに生きる

「さわやかに生きる」という言葉をイメージするとき、子供の頃に慣れ親しんだ近くの小川のせせらぎを思い出します。

あのさらさらと流れる春の小川をイメージします。時々瞑想するときは、この小川をイメージします。

さらさらと流れる小川をイメージしている内に、心も洗い清められてきます。小川ではクチボソやメダカを捕っていました。無邪気に追いかけている少年時代の自分に返ります。

菅谷信雄という人間を一皮むくと、無邪気な少年時代とそれほど変わりありません。ただし、追いかけているモノが変わりました。

超高齢社会の問題が一気に吹き出し、本来真剣に取り組まなければいけない政府が自己保身や省益の為におためごかしにやっているように私には思えます。根本的な解決の方向に向かっているとは思えません。

10年前に還暦を迎えた私は、その時人生の折り返し地点と思い、人生１２０年計画を立てました。

団塊の世代の私は年金逃げ込み世代と言われ、三井物産から企業年金も頂いているので、年金だけで充分暮らせる収入を得ています。

現在の自分があるのは社会と会社（三井物産）のお陰と思い感謝しています。そこで、残りの半生は、報恩の人生を送っていく。これまでの経験を活かし、世の為人の為になるような行動をしていきたいと思っています。

それが「生涯現役社会が日本を救う！」という私の使命となりました。

「さわやかに生きる」人物の代表格として、私が歴史上の人物で一番好きな坂本龍馬を上げたいです。

龍馬は身命を賭して、幕末の日本を変えようと東奔西走しました。私心が無いので、心に何の引っかかりがありません。だから心から尊敬できます。だからいつも龍馬のごとくありたいと思い、行動しています。

龍馬が創った亀山社中は日本初の商社でした。名前を海援隊と変え、大政奉還後は、明治維新政府に加わらず、貿易を軸に世界を股に掛けたいと夢見ていました。龍馬の夢は途絶えましたが、その夢は三井物産初代社長益田孝に引き継がれました。

当時、日本は不平等条約の為に、不利益な貿易を諸外国から押しつけられていました。

これを解消するために立ち上がったのが益田孝でした。「貿易を通じた日本の繁栄」という念いで、明治9年（1876年）7月1日に三井物産を創業、益田孝27歳の時でした。

三井物産が設立されてからは、益田孝の幕府騎兵隊時代の同期生の矢野二郎が益田孝を支援したため、三井物産には多くの一橋大学出身者が入社しました。なお、矢野二郎は、一橋大学の前身商法講習所の初代校長です。

また、近代日本の資本主義の父、渋沢栄一も益田孝を支援しました。渋沢栄一は一橋大学創立者で、この度新1万円札の肖像として選ばれました。

私は高校2年生の時に、私の将来は何に向いているかを調べました。中学3年生の時に実施した知能テスト結果の中で、特に知能指数158、言語能力160、算数能力144が高く出ていました。そこから私の向く職業としては世界を舞台にする外交官か商社マンと出ました。

そこで、私は「世界を股に掛けるビジネスマンになろう」という夢を抱きました。日本は資源小国なので貿易立国を国是としている。それなら貿易商社に入ることを決意しました。

貿易商社に入る為にどこが良いかを調べ、一橋大学商学部がベストと分かり、そこで私の進路が決まりました。

一橋大学3年生の時に、総合商社をどちらにするかを決める時期となりました。当時、「人の三井」か「組織の三菱」のどちらにするか迷う一橋大学生も多数いましたが、私に迷いはありませんでした。三菱商事は受けず、三井物産一本に決めました。

三井物産の社是社訓は「挑戦と創造」です。まさに、私の性格にぴったりの会社でした。

私の「挑戦と創造」の精神は70歳になる今でも衰えていません。これが生涯現役社会を創ろうと思う精神的態度、原点と言えます。

私自身、一橋大学を選び、そして三井物産に入社し、商社マン人生を歩んできましたが、この流れに深い縁を感じています。

(2) 若い頃から健康生活を心がける

70歳になった今、若い頃から健康をイメージし、体の鍛練を怠らないことの重要性を再認識しています。

24年前の46歳の時に、毎朝のトレーニングを実施していくと、自分がいざ高齢者になったときにどんな体力になるか関心を持っていました。

その時、元気なアクティブシニアをイメージしていました。生涯現役人生を生きている私が歳よりも老けて見え、元気がない自分を見られるのがいやでした。その為に、若い頃から健康生活を実践してきました。

具体的には、

①規則正しい生活習慣

毎日概ね11～12時の間に寝ています。私はよほどのことがない限り飲み会は2次会に行きません。2次会に参加すると翌日に影響し、良い仕事ができなくなるからです。

起床は6時です。夜寝るときに、翌朝6時に起きると自分に言い聞かせて寝ると、概ね6時に目を覚まします。出張等寝過ごしたらまずいとき以外は目覚ましは掛けません。

若い頃は、休日は寝だめして8～10時頃起きていました。しかし、これでは月曜日からの生活リズムが狂うので、休日も6時に起きて、規則正しい生活習慣を身につけています。

②運動習慣を身につける

現在は、6時に起床して、朝の身支度をした後に、1時間半真向法を中心としたストレッチ、ブルワーカーを中心とした筋トレを実施しています。

その後、13階の我が家から階段を降り、マンションの中庭を散策し、18階まで1段おきに上り、13階の我が家まで降りてきます。これで1日のリズムを作ることができて、仕事もはかどります。

なお、朝の身支度から運動で約2時間かかりますが、その間は録画してあるビデオを見ながら実施します。これが長時間運動できる秘訣です。録画内容は、テレ東の経済番組が中心なので、世の中の動きを知ることができます。

※真向法とは

脳溢血に倒れ、半身不随の身になった長井津氏（明治22年生まれ）が、仏教の経典の一句にヒントを得て、自力で病を治したという経験から出発しました。

長井津氏は、その後仏教の道に入り、信仰を深め、心身共に元気になり、74歳で他界しました。当時の平均寿命は65歳程度でしたから、半身不随の身になった人が、真向法により奇跡の健康長寿を遂げたと言えます。

真向法は、４つの基本動作を実施するという簡単なもので、５分もあればできます。私は加茂真純先生のビデオを見て練習し、更には真向法の道場に行って、自己流に陥らないように工夫しました。私は現在真向法を最重要視して、30分程度は時間を割いています。パソコン作業も多く、どうしても首、肩、腰のこりがあるので、その対策として毎日実践しています。なお、１日２回がベストですが、２回目は５分程度、入浴後に簡単に実施しています。

真向法は、正しい姿勢を保つことで、血液の循環をよくします。その結果、新陳代謝を促し、自然治癒力を高めていきます。真向法は万病に効果があると言われているので、私の運動の中心に据えています。やり方さえしっかりと学べば、無料でできる効果的な健康法です。

③正しい食習慣

食習慣では、朝食抜きが健康に良いと主張する学説と朝食は不可欠と主張する学説があります。私は以前は後者でした。

但し、ダイエットのため、朝はカロリーの少ない食事をしていました。しかし、ダイエット効果は全く現れませんでした。

そこで友人からの紹介で、小山内博先生の「生活習慣病に克つ新常識」（新潮社）を読みました。小山内説は、朝食抜きダイエットです。朝食抜きの生姜紅茶ダイエットを始め、３ヶ月でダイエットに成功し、65㎏の体重を60㎏まで減量できました。また、ウエストも88㎝から83㎝まで絞ることができました。

どちらが良いのかは自分の体で試してみるのが良いと思います。人はそれぞれ個人差があるからです。

その後、カロリーを抑え、栄養もつけるために、現在の朝食メニューは、豆腐＋梅干し、ショウガ、鰹節、海苔、プレーンヨーグルト＋きなこ、ごま、羅漢菓、バナナです。


最後は、生姜紅茶に代わり、５年以上前から血液さらさら効果を狙ってジェイソン・ウィンターズ・ティーを愛飲しています。

ジェイソン・ウィンターズ・ティーは、末期がん患者ジェイソン・ウィンターズ氏が、北米インディアンが愛飲していたハーブ療法を基に開発したお茶です。

ジェイソン・ウィンターズ氏は、このお茶のお陰で末期がんが治りました。同氏は、ジェイソン・ウィンターズ・ティーとして、この喜びを世の中の人に伝えることにしました。ジェイソン・ウィンターズ・ティーは、血液をサラサラにする健康飲料です。長期間愛飲することで、生活習慣病の予防になるので、我が家ではお茶の代わりに毎日飲んでいます。

なお、ジェイソン・ウィンターズ氏は、その功績が認められ、サーの称号を頂きました。

私の所には、当初口コミで伝わってきました。1ケ月分約1万円でした。

しかし、インターネットで購入すれば5オンス（142g）3600円（送料込み）なので、今はインターネットから購入しています。5オンス（142g）で3ケ月分くらいです。

私は、家で食事をしないことも多いです。その場合、サプリメントで不足している栄養分を補っています。飲み会も多いですが、暴飲暴食は避けています。

サプリメントは、ビタミン、ミネラルを中心に、EPA、DHA、酵素、そしてニンニクです。

④快眠対策

快眠用のサプリメントとして、グリシンを毎晩愛飲しています。当初大手メーカーのグリシンを愛飲していましたが、1ヶ月分の値段が2000円でした。現在は、妹の奨めで業務用のグリシン1kgを愛飲しています。これだと半年から1年はもちます。

⑤週1回体重計で測定

タニタの体重計で体重（60kg）以外にBMI（21・3）、体脂肪率（15・2%）、内臓脂肪（10・5）、骨量（2・7）、基礎代謝（1357）、体内年齢（54歳）、筋肉量（48）、筋肉スコア（0）、筋質点数（70）、体水分率（58・7）が測定されます。（　）内は私の最近の数値ですが、現在問題があるのは、内臓脂肪の10・5だけです。これを10未満に落とすように努力しています。

体重計を見て問題のある数値を発見したら、それを是正するように努力することです。これが肥満予防のツールとなります。

⑥禁煙　20歳で始めて30歳で止めています。

⑦国の利権構造に巻き込まれないことが健康寿命を伸ばす！

・高血圧症

血圧値は年齢＋90が目安です。私の場合、１６０で良いわけです。厚労省が１３０以上は高血圧症と見做し、服薬することを奨めています。しかし、副作用として認知症や脳梗塞のリスクが高まることが分かりました。加齢に伴い血圧が高くなるのは寧ろ自然です。もし、２００以上の血圧となる場合、その時には医者に診てもらうと良いです。

厚労省、製薬会社、医療業界の利権構造の産物と分かり、これに巻き込まれないことが生涯現役人生を送るポイントといえます。

・高コレステロール値

コレステロールについても同様です。２００以上あっても却って長生きすると言われています。医者から抗コレステロール薬を奨められたら、認知症予備軍の仲間入りすることと肝に命じることです。

・がん対策

早期がんになってもがん治療を受けないことです。放っておけばその内消滅するそうです。末期がんになったらそれは天命と受け止め、天寿を全うすれば良いわけです。間違っても末期がんの手術や投薬治療を受けないことです。最期苦しんで、死ぬのはいやなので、私は末期がんの手術は拒否することにしています。詳しくは「第1章・7　医療費を高騰させている現代の医療行政」を参照願います。

（3）常に新しいことを学習する

①ビジネスパーソンとして

私の所には頻繁に中小企業やベンチャー企業の経営者から新しいビジネスが持ち込まれます。その度毎に新しい学びがあります。

中小・ベンチャー企業の経営コンサルタントとして、そのビジネスを採り上げるかどうかの基準は、まず私の経験、人脈がお役に立てるかどうかです。

この基本の上に、

私はエンジェル企業に投資し、その企業が成功するよう経営コンサルタントとして支援しています。これまでに16社に数千万円投資してきました。

その時の基準に４Ｓがあります。

４Ｓとは、

１番目のＳ　社会性

単なる金儲けのビジネスは絶対投資しません。その事業が社会的に意義のあるモノかどうかそれをチェックします。

２番目のＳ　将来性、市場性

その事業の将来性、市場性はあるのかどうか。いくら社会性があってもこれがなければ投資の対象にはなりません。

３番目のＳ　成長性

将来性、市場性に対し、どのような成長曲線を描けるのかがポイントです。

4番目のS　収益性
市場が受け容れる商品価格なのか。競合他社と比べ比較優位に立てるのか。

この4Sの基準をクリアして、初めて投資を検討します。

②プライベートの面で

一方、プライベートでもいろいろな話が来ます。ビジネスでもそうですが、私はまず人の話に素直に耳を傾けることにしています。

玉石混交ですが、多くの人の話に耳を傾けることで、その中から「玉」を選別することができます。

若い頃は、多数の石ころを紹介されました。中には毒キノコを紹介され、毒に当たったこともあります。ビジネスも然りです。痛い目、失敗の中から、本物の「金貨」を見つけ出すことができるようになりました。

ビジネスでもプライベートでも、人の話に素直に耳を傾けることで、自己成長し、自己成長できる喜びを感じてきました。この精神的態度を尊重しています。

その様な中で、政治や宗教の話も持ち込まれますが、まずは人の話に素直に聴いてみます。

政治に関しては、学生時代の私は70年安保世代で、共産党や社会党を支持していました。北朝鮮をユートピア国家と勘違いしていた時代でした。しかし、ちょっと勉強してみると、理論的に直ぐに過ちであることが分かりました。

政治的な過ち、即ち社会主義政策では政府を当てにする人間をつくり、加齢に伴い労働意欲を喪失していきます。その結果国力を弱めていきます。

その過ちに陥っているために、日本は現在少子高齢社会という大きな問題を抱え、その矛盾が一気に吹き出しています。それを第一章で書き上げました。

一方、私は若い頃は無神論者でした。雑草のごとくたくましく生きてきた私にとり、宗教は心の弱い人がすがる所と思っていました。また、宗教というと教祖の教えを信奉し、判断能力が無くなり、ただ洗脳されるというイメージもありました。

しかし、歳を重ねるにつれ、宗教の大切さを学ぶようになりました。宗教を通じて、神仏の方向に心が向き、人格向上していくことが分かりました。その結果、「世のため人のために生きていこう」というように心の針が神仏の方向に向くようになりました。

私の行動哲学である「活私豊幸」＝「自分を活かしながら人生の途上で出会った人々をいかに豊かに幸福にできる人間でありたい」はそこから生まれました。

人生の晩年、たそがれ時に金貨を見つけた者は幸いです。その金貨とは各自の善性であり仏性です。その金貨を磨いていき、汚れが無い状態であの世に還るときに天国に行けます。そうでない人は、地獄へと墜ちて、反省させられます。

良い宗教かどうかの見分け方は、心の教えと死後の世界を説いているかどうかです。その宗教に帰依して、その人の人格や人間性が向上しているかどうかがポイントです。御利益信仰中心の宗教は良い宗教とは言えません。この切り口でチェックすればオウム真理教のような間違った宗教に入ることはありません。

（4）他人から必要とされる人を目指す

①生涯現役人生のキーコンセプトは「自立」

歳をとっても、他人に迷惑を掛けずに、経済的にも自立して生きていく人生です。その時大切にしている精神的態度として、「その人自身の心構えが人生をつくる」ということです。

これは20世紀最大の発見の一つと言われています。心理学の分野で、米国人ウィリアム・ジェームスを中心とした学者達によって発見されました。

つまり、「生涯現役人生を生きる」という精神的態度で人生計画を立て、人生を生きていけば、その通りになっていくということです。

詳細は本章第2項「私の提唱する生涯現役社会とは」をご参照願います。

②努力の習慣化には工夫が必要

朝の運動のところで、６時に起床し、毎朝1時間半を運動に時間をかけていると説明しました。その際、前日のテレビ東京の経済、ビジネス番組を中心に見ながら、運動しています。これだと飽きずに、1時間半の運動時間があっという間に過ぎていきます。

なお、現在は昨年9月に買ったパナソニックの7テラのブルーレイディスクを主に活用しています。7テラも容量があるので、過去9日分のテレビ番組を10チャンネル分自動録画してくれます。

テレビ東京の経済、ビジネス番組の内容に関心がない場合、パソコンのブラウジングの様に、関心のありそうな他のテレビ番組を探しに行きます。これも楽しみの一つです。

以前はフィットネスクラブで筋トレや水泳をしていましたが、長続きしませんでした。超多忙の私には、運動のための時間を確保するのがなかなかできなかったからです。また、外出するには運動着に着替える必要がありますが、これも面倒でした。我が家で運動するなら普段着でできるので、この点でも手軽です。

今では多少の努力だけですっかり習慣化しました。

③細分化の原理を活用

18階まで階段を毎朝上るのはさぞかし大変と思う読者も多いと思います。

昨年5月に引っ越してきたときは、前のマンションの9階から今度は18階です。最初はかなり気合いを入れ、18階まで上ることができました。しかし、毎朝かなり気合いを入れないと18階まで上りきることはできません。また、18階まで上がるとさすがに息が上がってきます。

今度のマンションは5つの階段があることに気付きました。そこで、5つの階段を5つに分けて18階まで上ることにしました。最初の階段は6階まで上り、次の階段までは歩きながら息を整えます。6階までなので、殆ど息は切れません。この調子で、残りの12段を4つに分けて18階まで上っていきます。これだと18階に上っても、殆ど息が上がりません。

細分化の原理は仕事でも活用しています。今回、本書を執筆するに際しても、細分化の原理を活用しています。章立てと目次化により、細分化することができました。後は、自分の書きたいところから始めます。

今回は第1章からではなく、はじめに～目次～おわりにの順で書き、その後は

第3章から書き始めました。

(5) ピンピンコロリで天寿を全うする

私は120歳までの人生計画を立てています。仕事面では歳をとるにつれ、非営利のボランティア活動を増やしていきたいと思っています。

一応の計画は持っていますが、周りが私にどのような期待をするかによって多少変わってきます。間違っても、周りの人に迷惑を掛けるようなシニアにはなりたくありません。

但し、生涯現役人生の途上で末期がん宣告をされた場合、それは天命と思い、潔くあの世へと旅立って行きたいと思います。

三途の川を渡るときに一番楽しみにしているのが、5歳で他界した母親と再会できることです。向こう岸で、母親が「のぶお、良くやった!」と私を思いきり抱きしめてくれることをイメージしています。これが最大の楽しみです。

お彼岸でお墓参りするとき、墓前で母に「現況を報告し、神仏に恥じない人生を送っている」ことを報告しています。

万一、末期がんの宣告を受けても、がんの手術は絶対に受けません。自分の今世の人生の役割は終わったと悟り、あの世に旅立つ心の準備に入ります。死ぬまでの数ヶ月間は、人生の途上で出会った人に対する感謝の思いを深く思慧していき、最期は心穏やかにあの世へと旅立ちます。

自宅で死ぬことが私の「ピンピンコロリ人生」の最終章です。

２　私の提唱する生涯現役社会とは

(1)「老易立国」を目指す

平成29年10月1日の調査によると、65歳以上の高齢者の人数は３５１５万人、27・7％です。特に女性は１９８９万人、30・６％と3割を超えます。

国の基本政策は、社会保障制度の一環として、医療、介護を充実させ、高齢者を支えていこうとすることです。

しかし、これでは寝たきり痴呆老人をどんどん輩出していく老人に易しい「老易立国」です。

日本は貿易立国が国是ですが、それを文字って「老易立国」と命名しました。

辞書で調べると「易」には、変える、変わるという意味もあります。変易《へんえき》は、変わる、変えるという意味です。

従って、私が提唱する「老易立国」は、高齢者が自ら変わり、国のお役に立っていく社会に変えて行くことです。

その為の基本コンセプトが「生涯現役」です。

生涯現役の意味は、必ずしも一生涯働くという意味ではありません。

心身共に元気で生涯現役人生を送り、ぴんぴんころりで死ねる人生です。

その為には、社会との接点を生涯持ち続け、仲間作りをしていくことです。

国は、医療機関や製薬会社との利権構造を断ち、生涯現役社会を構築していったときに、「老易立国」は実現していくと思います。

（2）消極的貢献

超高齢者社会の進展に伴い四重苦が待っています。

即ち年金破綻、健康保険制度の破綻、介護保険制度の破綻、そして、生活保護を受ける高齢者の急増という大問題が控えています。その結果、財政は完全破綻します。

その為に高齢者の心がけることとして、政府に頼らないよう老後の生活設計を立てること、そして、病気にならないよう健康生活を心がけることが大切と思います。

生涯現役人生を送ることが日本を救う！

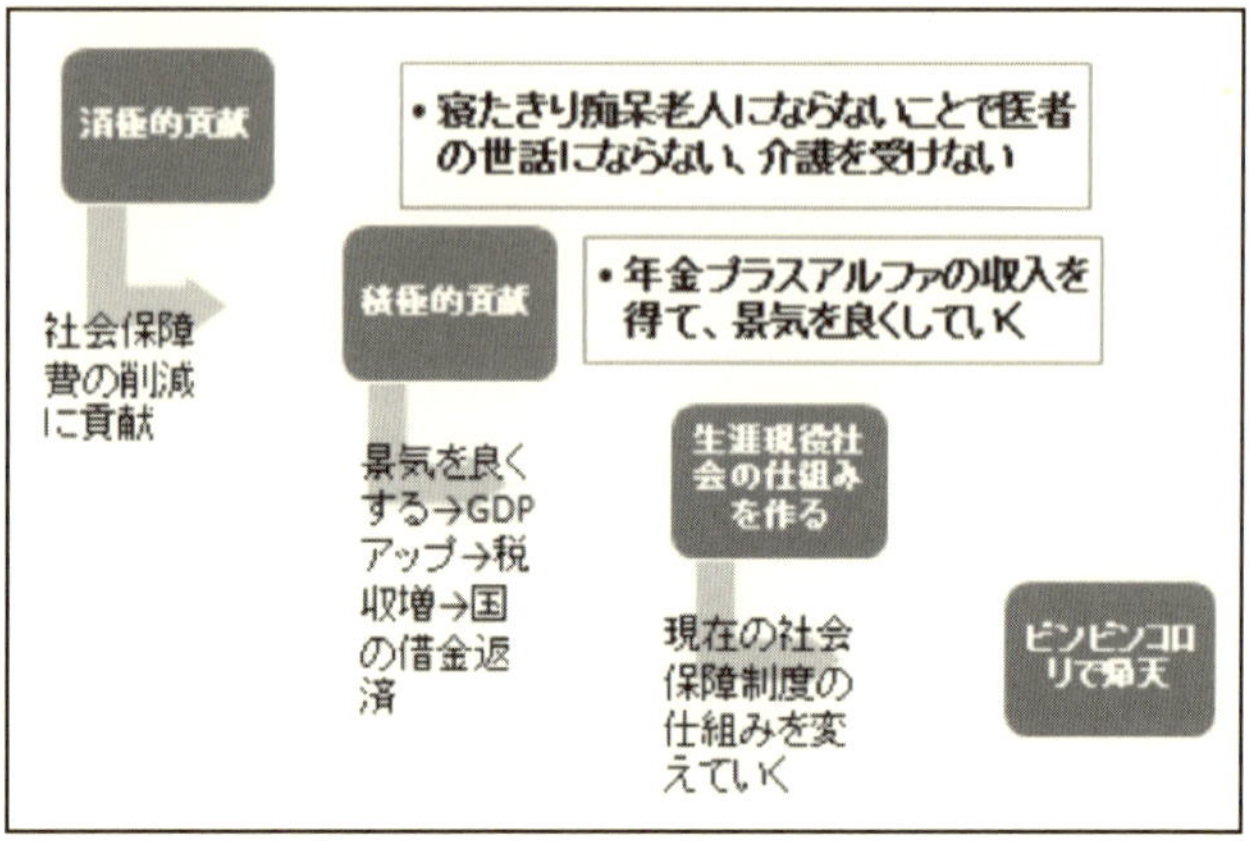

高齢者が、「自分は生涯現役社会を自立して生きていくのだ」と固い決意をもって臨めば、年金以外の三重苦の部分は軽減されていきます。

「大海の水も一滴から」のたとえの通り、各個人の思い、決意が社会保障費の軽減に貢献していくことになります。

私は予防医学を長年実践してきたので、年齢より一回り若く見えます。また、子ども達からはいつも「おじさん」と呼ばれています。子供は正直です。子供がイメージする年寄りから私は外れているようです。

一方、定年退職後は、積極的に社

生涯現役で働く仕組みを作る：医・職・集

会と関わることです。これまでの会社人間から社会人間となることです。収入を取るかどうかは本人の定年退職後の経済的状況によります。

もし、定年退職後に仕事を余儀なくされている人はラッキーと心得てください。なぜなら仕事をすることで、認知症、介護老人のリスクは低くなっているからです。但し、余りストレスを受ける仕事は避けてください。

（3）積極的貢献

人は歳をとるにつれだんだんと保守的になっていきます。老後の為にと貯蓄をするようになります。

以前大人気を博した双子の１００歳姉妹のきんさん、ぎんさんが頂いたお金を「老後のためにとっておきたい」と言って話題になりました。

先行き不透明な時代に貯蓄することも止む無しと思います。しかし、これがデフレマインドを引き起こし、デフレは30年近くに及んでいます。

団塊の世代の私はお陰様で年金だけで充分暮らすことができます。会社や社会に感謝しています。

その感謝の気持ちを、社会に還元したいと思っています。

10年前に還暦となった私は、還暦を人生の折り返し地点と位置づけ、残りの半生はこれまでの経験を基に世の中に貢献していく決意をしました。

年金は全て家計費に回し、それ以外で稼いだお金は全て世の為、人の為に使っていくことにしています。

毎年数百万円をベンチャー企業への投資、寄付、自己啓発等に使っています。多いときは1千万円を超える年もあります。

こうすることで世の中の景気に少しでも貢献できたらと思っています。

いずれはあの世に還ることになります。あの世へはお金や不動産等の財産を持っていくことはできません。

それならこの世に生きている間に全て使い切って、あの世に旅立ちたいと思っています。

子供のいない私にとってそれがベストの方法と思っています。

（４）生涯現役社会の仕組みを創る

①中小・ベンチャー企業経営コンサルタントとして

私の本業は、ベンチャー企業への出資、特にエンジェル企業への出資と育成です。

三井物産在籍中に、テレマーケティングの新会社、株式会社もしもしホットラインをゼロから立ち上げました。もしもしホットラインは現在りらいあコミュニケーションズ株式会社と社名変更し、年商１０００億円、従業員数現在３万人の大企業へと成長しました。

◆りらいあコミュニケーションズ株式会社の業績（2018年3月期）売上高1098億円、従業員数、正社員：10909名　契約社員：21230名（18年3月末現在、連結）東証一部上場。

もし、もしもしホットラインが10社できたら30万人の雇用を産みます。それが私がベンチャー企業を応援する理由であり原点です。

また、私の所には様々なビジネス、事業、案件が持ち込まれます。私の経験がお役に立つようでしたら、応援していくことを考えています。

一例を挙げるなら、私の友人でタレントのオスマン・サンコンさんは私と同じ昭和24年生まれです。サンコンさんの人生最後の夢は母国ギニアに小学校を建設することです。私もサンコンさんの夢の実現のお手伝いをしたいと思っています。

②NPO生涯現役推進協会の役割

今後高齢者間の格差が拡大していきます。定年退職しても月収10～15万円の高齢者が多数います。そういう高齢者の為に雇用機会を創り、お役に立ちたいと思っています。その為の仕組みを創っていきたいと思っています。

現在、様々な商材が持ち込まれていますが、それらの中から高齢者の為にお役に立つようなビジネスを選び、提供していきたいと思います。最初はスモールスタートで行きたいと思っています。

私はＮＰＯ生涯現役推進協会の理事長をしていますが、今後はこちらを活用していきたいと思っています。

③一般社団法人空き家問題解決協会の役割

空き家問題は深刻化し、空き家はまもなく１０００万戸の時代に突入します。その空き家をリフォームし、高齢者のシェアハウスを実現していきたいと思っています。

一般社団法人空き家問題解決協会を４年前の２０１５年に設立しました。しかし、現在はは休眠中ですが、再来年には復活させるつもりです。

以上、3つのカテゴリーで生涯現役人生を歩んで行きたいと思っています。

若い世代にはアクティブシニアとしてがんばっている姿を見せることで、将来ああいうアクティブシニアになりたいと思うようなお手本になりたいと思っています。

3　人生を高める時間術

(1) 人生に勝利する方程式

①高校受験の失敗、これが私の人生の原点です

高校受験は、当時三多摩の最難関校都立立川高校を目指しました。担任の先生他、先生達は、「菅谷は立川高校合格間違いなし」とみていました。

その安心感から、高校受験勉強は真剣にやりませんでした。

私が調布中学3年生の年は、東京オリンピックの年でした。また、ビートルズ

旋風が日本に吹き荒れた年でもありました。

私もビートルズに夢中になりました。毎月数枚発売されるビートルズのシングル盤レコードを購入するのが楽しみでした。当時1枚３３０円の時代でした。中学生の小遣いが３００円の時代にはレコード1枚購入するのがやっとでした。

しかし、親戚のおじさんが日本通運を定年退職して、宅配便（今でいうペリカン便）を始め、私にも声がかかり、中学1年の暮れから始めました。

荷物の配達代金は当時1個25円でした。私は毎月１０００円から５０００円稼いでいました。なお、３月と暮れは3万円の収入でした。当時の物価は現在の10分の1程度でしたので、中学生にとっては高収入でした。従って、ビートルズのレコードを購入する資金は充分ありました。

私はアルバイトから帰宅するとビートルズのレコードを夢中で聴きました。その結果、立川高校の受験は不合格となりました。但し、ビートルズの歌を聞き、歌っていたので、英語は得意科目でした。また、現在でも日本人としては英語の発音は良いようです。私の人生最初の挫折でした。

②一橋大学商学部現役合格

立川高校には調布中学から15人が受験し、合格したのは5人でした。負けず嫌いの私は、私より実力が下の人間が合格したので、大学受験ではリベンジを誓いました。

高校受験を失敗した私は、学区内最低基準を満たしていたので、神代高校に進学となりました。当時は悪名高い学校群制度の前だったので幸運でした。

その為の受験戦略を立てました。3年間は集中力が続かないので、1年生の時は徹底的に遊び、受験勉強には2年間集中することを決めました。

2年生になったら受験勉強に集中する為に、ビートルズのレコードは全て処分しました。

また、当時、「世界を股に掛けるビジネスマンになること」が私の夢でしたので、総合商社に就職することを決めていました。その為には一橋大学商学部がベストと分かり、志望校は一橋大学商学部一本に絞りました。

一橋大学の受験科目は英数国の3科目でした。一橋大学は数学と英語に重点を置いていたので、数学と英語が得意な私にとって好都合でした。但し、現代国語が苦手だったので、その対策を徹底的に実施しました。

当時、貧乏暮らしの我が家は浪人ができる経済的余裕が無かったので、背水の陣で臨みました。

高校受験失敗の分析をしました。受験勉強を真剣にやらなかったので、受験当日上がってしまい、一番得意な漢字の書き取りの際に、上がってしまい手が震えてしまいました。

そこで上がらないために、私は国立市にある一橋大学を訪ねました。ロマネスク建築の兼松講堂と時計台のある図書館の前で写真を撮りました。

その写真をよく見ながら、一橋大学の学生になったイメージをしました。今でいうイメージトレーニングです。

受験戦略と戦術が実り、都立神代高校史上初の現役合格となりました。この記録は未だに破られていないそうです。

大学受験戦略の成功で、私の「人生に勝利する方程式」が確立しました。

つまり、目的（総合商社で世界に股を掛けるビジネスマンとして活躍する）を明確にし、期限付の目標（高校３年の１月まで）を設定して、それに向かって全力投球する。

その結果成果を出していくという「人生に勝利する方程式」は現在まで続いています。

（2）タイムベースマネジメント

①期限付の目標の設定

前項で述べたように50年近いビジネスマン人生で、いつも期限付の目標を設定しながらビジネスマン生活を送ってきました。

それが最大限発揮できたのが、三井物産在籍中に設立したテレマーケティングの新会社株式会社もしもしホットラインです。

１９８７年の９月７日新電電のサービスが開始することが決まっていました。その為に、できるだけ早く新会社を創るよう上司から厳命されていました。

そこで私は同年１月から会社を設立する半年間は、毎朝６時に出勤し、毎晩深夜過ぎまで新会社の設立に全力投球していました。帰宅は毎晩タクシーで帰りました。幸い、江東区白河にある自宅までタクシーで深夜帰宅すると、空いているので10分程度で帰宅できました。

昼間の時間帯は、通常の業務をこなし、始業前の3時間と、終業後の時間を新会社設立の為の時間として確保しました。

心身共にボロボロになりながら限界まで挑戦しました。その甲斐あって、半年弱の6月23日に新会社株式会社もしもしホットラインを設立できました。

それだけがんばって創った会社なので、私の三井物産在籍中の一番の思い出は何と言っても株式会社もしもしホットラインです。

②潜在意識に植え付ける

私の「人生に勝利する方程式」は何度も何度も繰り返す内に確立していきました。それは潜在意識にインプットされ、今では特に努力しなくても、「人生に勝利する方程式」は自然に身につき、実践しています。

ビジネスマンになってからナポレオン・ヒルの「思考は現実化する」を学びま

したが、私が大学受験で実践したこととほぼ同じなので、びっくりしました。

（3）ぶれない自分を作る

①信仰心

私は信仰心を一番大切にし、ぶれない自分を作る基本は信仰心と心得ています。といっても難しくありません。

信仰心とは、神仏の性質、思いに自分も合わせていけばよいだけです。

それは、愛、感謝、謙虚、寛大、素直さ、勇気、他人に親切にする等です。

その逆に、神仏の性質の反対は、怒り、嫉妬、妬み、恨み、他人を蹴落とそうとする思い、自分だけよかれと思う心、自我欲、自己中心、金の亡者、うぬぼれ、不平不満、いらいら等です。

②「愛」「知」「反省」「発展」

その為に、私は毎日入浴中または就寝時ベッドで、「愛」「知」「反省」「発展」

を振り返ります。

今日一日他人の為に何かお役に立てたか。親切にしたか。人に迷惑を掛けなかったか等々。

また、自分の知識不足の為に、他人に迷惑をかけたりしないかその点を反省していきます。

「知」とは、知らないことを知るですが、知は知識に経験がプラスされると知恵に変わって行きます。更に神仏の御心に叶った知恵は智慧に変わって行きます。

その結果、発展に繋がっていきます。反省とは消極的なものでなく、もっと公私ともに充実した人生にしていくための積極的なものです。反省からの発展と捉えていきます。これがないと単に脇が甘いおめでたい人間となっていきます。

③八正道

反省をする際に、１ヶ月に１回程度釈尊が説いた八正道を基に反省します。これはスパ等のリクライニングシートでゆったりとくつろぎながら行います。八正道は、正見、正思、正語、正業、正命、正精進、正念、正定の８つの正しい道を基準に反省します。

④心の三毒：貪《とん》・瞋《じん》・癡《ち》

2番目の正思の反省の一つに心の三毒を見つめる反省行があります。

貪《とん》：むさぼる心、貪欲です。いつも何か欲しいと心が執着している状態です。地位、名誉、金銭、異性、酒等に極端に執着している状態です。但し、地位、名誉やお金を世のため人のためために使うことは神仏の御心に叶っています。

瞋《じん》：怒りの心です。ちょっとしたことで直ぐにかっと怒る人。こういう人は、心がいつも揺れ動いていています。人は怒った人から避けようとします。当たり障りのない対応をしていきます。そして、孤独になっていきます。

癡《ち》：愚かな心です。無知、無明のことです。心の三毒の内、この癡が半分以上占めます。「知らないことを知る」ことの大切さを絶えず学ぶ人は自己成長していきます。

第3章

生涯現役人生を生き抜くための最強のビジネス・モデル

1 ダブルワーク（複業）の奨め

前書「超失業時代を勝ち抜くための最強戦略」では、私は自分自身の防衛のためにも、サラリーマン時代からダブルワークを推奨しました。

現在、時代環境も大きく変わり、政府が副業の後押しをして、大企業でさえ副業を認める時代となりました。

前書の出版から17年が経過し、時代が大きく変化しました。即ち、終身雇用制度の崩壊です。

私が在籍していた三井物産でも、私が早期退職した1997年当時は早期退職は極めて少数派でした。しかし、今では早期退職は当たり前の時代になって来ており、中途採用もする時代となりました。

大企業が副業を認める理由としては、視野が広がるというメリットもあります。しかし、企業として支払い余力が少なくなってきたことも一因と思います。

事実、サラリーマンの可処分所得は社会保障費の上昇により漸減傾向にあります。

更に私はアルバイト的な副業から、もう一つの職、即ちダブルワーク（複業）

を奨めています。

一つの会社に定年まで勤務し続けるデメリットは大きいです。その会社にしか通用しない価値観で固まってしまい、柔軟性がなくなります。定年退職後に、他の企業に勤務しようとしても使いものにならないケースが多発しています。

その為に、職場が限定され、ビルマンションの管理人、清掃人等職場が極めて限定されます。そして、月収10～15万円の低賃金で、年金を足してもギリギリの生活を余儀なくされているようです。

その為にも、できるだけ若いうちからのダブルワークを奨めます。ダブルワークをすることで、自分の能力の再発見をすることもあります。柔軟なモノの考え方もできるようになります。

2　給与以外の異なった収入を得る経験をする

サラリーマンの収入は労働収入です。自分の時間を提供することで収入を得られます。

そこで、サラリーマン時代に、給与以外の異なった収入を得る経験することをお奨めします。その結果視野が広がります。

私は、株式投資とリースマンション投資を経験しました。

①株式投資

株式投資では、バブル時代に1000万円利益を得ました。しかし、バブル崩壊後には1000万円の損失を出しました。差引損益ゼロといえます。

自分の会社以外の業界を知り、視野を広げる意味ではメリットがあります。

また、日本及び世界の政治経済社会の動きが株価に大きな影響を与えるので、視野を広げるためには必要と言えます。

しかし、その会社のミクロ情報に関心が集中しすぎてしまうデメリットも経験しました。

また、株式投資は余裕資金で投資するのが原則ですから、余りのめり込みすぎると自分の資産形成にも影響してきます。

②リースマンション投資

リースマンション投資は、マルコーの独身用ワンルームマンションに2部屋投資しました。バブルの時代の真っ最中でした。ワンルームマンションの相場が急上昇していきました。ワンルームマンションの相場が3千万円にいった段階で私はいずれは値下がりすると予測しました。そして、マルコーが倒産する直前に2部屋売却して、１０００万円の投資利益を出しました。

その利益で、１０００万円の含み損があった株式を全株一斉に処分しました。日経平均2万7千円の頃でしたから、もしまだ所有していたら数千万円の損失となっていたので、絶妙のタイミングで売り抜きできました。

株式投資も含め結局収支プラスマイナスゼロでした。しかし、何もしないより、財テクの貴重な経験をしました。

③マンションやアパート経営

マンションやアパート経営を金融機関等が奨めているようですが、右肩下がり、人口減少社会では、空き家のリスクの方が大きいので、余りお奨めはできません。更にはレオパレスのように上場企業が欠陥住宅を建てる事件が起きました。その意味で、自己投資した住宅が欠陥住宅というリスクもあります。

④オフショア市場

更に私はオフショア市場にもチャレンジしました。

成熟した日本の株式市場に投資するのではなく、成長著しい新興国に投資するのがオフショア市場です。ハイリスク、ハイリターンの株式からローリスク・ローリターンの株式まで投資の専門家に任せ、毎月5万円から投資していく仕組みです。

当初の説明では、手数料差引後の利益が毎年10％の複利で運営していくと、10年後には2・6倍、20年後には6・7倍、30年後には17・4倍になるとの説明でした。

しかし、途中でリーマンショックが発生し、運用益は赤字となり、当初の説明と大きくかけ離れていました。

私の場合、ラッキーなことに、民主党政権の時で、80円を切る超円高時代でした。そして、中途解約したときには安倍政権に入り、１１０円台の円安になっていたために、解約手数料を差し引いて、多少の赤字で済みました。

要は、株式投資のプロでも、リーマンショック級の環境の激変は予測できない訳です。

現在は、米中の貿易戦争から冷戦構造へと発展し、世界の政治経済社会情勢はプロでも予測困難な時代となって来ました。

オフショア市場に関心のある方は、あくまでも余裕資金の範囲内でやることをお奨めします。

⑤NISA

毎月4万円、ボーナス月5万円を投資し、20年間同額を投資します。同金額は非課税です。年間50万円x20年間＝1000万円です。1000万円の投資金額が、20年後にどの程度の含み益または含み損が出ているか分かりませんが、この程度の投資なら気軽にできる範囲内と思います。私は三井住友銀行経由で申し込みました。

⑥暗号通貨（仮想通貨）投資

こちらはハイリスクハイリターンなので、投資には十分注意してください。

但し、フィンテックの発達により今後は基軸通貨に変わる可能性もあると言われています。ということで、自分のリスクの範囲内で長期の視点で投資することをお奨めします。

また、フィンテックの発達により、今後は銀行、クレジットカード会社等手数料ビジネスはフィンテックに代わると言われています。その影響でメガバンクの再編も予測されています。

その意味で、今後の世界経済を研究する意味でも暗号通貨に自分のリスクの範囲内で投資することは意義あることと思います。

３　ＦＣビジネス

東京ビッグサイトのＦＣショーを視察にいくと、様々なＦＣ（フランチャイズ）ビジネスがあります。

コンビニを始め、ラーメン店、たこ焼き、うどんなどの飲食業、代理店ビジネス、英会話、パソコンスクール、学習塾、介護、不動産業、整体マッサージなどのＦＣビジネス花盛りといった様相です。

コンビニのパイオニアであるセブンイレブンは、中小売店舗の近代化、活性化を図る目的で効率化を図るためにスケールメリットを最大に活用した高密度出店ドミナント戦略の基に多店舗展開していきました。その際、ＦＣという業態を採用しました。
セブンイレブンは1974年に東京都豊洲に第1号店を開店しました。その後、店舗数を増やしながら様々な商品を入れてきました。POSシステム導入により、死に筋商品を撤去し、売れ筋商品に入れ替えてきました。おでん、おにぎり、お弁当、冷やし中華、お惣菜、100円コーヒー等次々とヒット商品を販売してきました。マルチコピー機、公共料金、ATM等集客の為の利便性も追求してきました。
そしてセブンイレブンは現在2万店を超える加盟店を抱えていますが、これは2万店というインフラを構築したことになります。そこで販売する商品、取り扱うサービスは全てアウトソーシングです。時代に合わない商品はその都度入れ替えが行われます。商品は一年間に9割が入れ替わります
これは一つの成功したビジネス・モデルです。

しかし、FCビジネスは基本的にはレッドオーシャン市場です。
レッドオーシャン市場とは、血みどろの戦いをして、その結果血の海となるの

でレッドオーシャン市場と言われています。

そのレッドオーシャン市場の中で個人が戦うにはノウハウがないので、そのノウハウを提供し、その見返りとしてロイヤリティを頂くのがＦＣビジネスです。

ノウハウとは、集客と販売方法、商品仕入れ等です。

集客の目安として使う経営指標として店舗の一日の売上高（日販）が重要です。しかし、営業マンが提示する最低の日販に達しないケースが多々あり、問題となっています。

ＦＣビジネスを始めるには、店舗の内装、保証金、在庫等１０００～２０００万円はかかることが多いです。

それだけのリスクをとってもゆとりを持った生涯現役人生を送ることは難しいといえます。

それは私が前項で触れた収入の質です。つまりＦＣビジネスのオーナーとなっても、働かなくてもよい権利的な収入をとれることは余り期待できません。

人手不足が深刻な時代です。人手不足を補うために、オーナー自らが働かなくてはなりません。業種によっては深夜の仕事もやらざるを得ないこともあります。

これでは生涯現役人生をゆとりを持って過ごすには厳しい業態といえます。
仮に競合相手がいないブルーオーシャン市場であっても、いずれはレッドオーシャン市場へと移行していきます。
ｉＰｈｏｎｅが登場したときは、競合相手のいないブルーオーシャン市場でした。しかし、現在では格安スマホが出現してレッドオーシャン市場となっています。

また、有店舗のＦＣの場合、営業マンが当初提示した日販（１日の売上）を大幅に下回り赤字となっても契約を中途解約すると原則解約金が発生します。仮に発生しなくとも、店舗閉鎖に伴う損失が１０００万円前後は発生します。

私が親しくお付き合いしている整体マッサージのオーナーＳ氏の場合も、上記のような被害を受けています。

ＦＣ本部の営業マンが当初提示した企画書では、いずれ店舗からの収入で時間のゆとりができ、ゆとりのあるプライベート生活をエンジョイできるとのことでした。

しかし、契約後7年が経過し、日販は営業マンの提示した数字を大幅に下回り、経営は苦しく、ゆとりのあるプライベート生活など夢の又夢の状態と怒りをあらわにしています。契約上、中途解約はできず、仮に円満に契約を途中解約したとしても、店舗閉鎖に伴う費用だけで１０００万円はかかるそうです。

その代わり、S氏は本章で採り上げた最強のビジネス・モデルを通じてＦＣで叶わなかった夢に向かって着実に前進しています。

経営コンサルタントの私の所にＦＣ契約やその他代理店ビジネス、ＭＬＭで多額の初期投資をして、被害に遭った人の話をよく聞きます。

そうならない前に、プロの経営コンサルタントにビジネスリスクをしっかりとチェックしてもらうことをお奨めします。多額の投資をしてからでは後の祭りです。

4　個人版FCとしてのMLMをどう捉えるか

(1) 良いMLM、悪いMLM

ＭＬＭとはマルチレベルマーケティングの略です。別にネットワークビジネスともいわれ、合法のビジネス・モデルです。

ＭＬＭの基本は、広告宣伝費を使わず、本社経費も極力抑えているので、一般に流通している商品より安くて品質が良いと言われています。それを友人知人に口コミで伝えていくビジネス・モデルです。サプリメント、スキンケアを中心に浄水器、アロマオイル、補整下着等多種多様に亘ります。

ＭＬＭは個人版のＦＣとよく言われます。ＭＬＭの初期投資は、ＦＣと比べ圧倒的に少なく、リスクも非常に少ないのです。しかし、しばしばネズミ講とか、マルチ商法と揶揄され、評判の悪い業態です。

ネズミ講は金銭のやりとりだけのビジネスで違法です。もし分かったら即座に業務停止命令が下り、有罪判決を受けます。

商品を扱うＭＬＭの場合、どうしても在庫をとらざるを得ない仕組みになっています。ＭＬＭの主宰企業は、過度の在庫を勧めないのが原則です。しかし、資格維持のためにどうしても自分のグループの会員（ディストリビューター）に在庫を勧め、それがしばしば過剰在庫となってしまいます。月収10万円をとっても、在庫資金として10万円支払ったら資金収支としてはゼロです。それ以外にセミナー参加費、交通費、飲食費等の活動経費が結構かかります。

これを繰り返している内に、収入が増えていないことに嫌気が差し、ビジネスを止めていきます。

返品を認めているＭＬＭ企業の場合、返品手数料を差し引いて引き取ってくれます。しかし、返品するとコミッションに影響するので、インターネット等を通じて安売りします。今はインターネットの時代なので、インターネット経由購入した方がＭＬＭ企業から買うより安く買えることも起こってきました。従って、良い商品を市場より安く買えるというビジネス・モデル自体が崩れ始めています。

一方、浄水器、補整下着等初期投資が数十万円かかるＭＬＭもあります。こちらは直ぐに収入が取れるビジネス・モデルです。但し、高額商品のＭＬＭの場合、原則商品のリピート需要は余り望めません。従って、安定した継続収入をとるのは難しいと言えます。毎月の収入が安定しないビジネス・モデルです。

その為、収入が取れるのはごく一部の人で、大半の人は初期投資を回収できず、収入が取れないまま辞めていきます。

個人にとっては数十万円という多額の初期投資と時間と諸経費を費やし、赤字のまま辞めていきます。これが評判の悪い最大の原因です。

ＭＬＭは基本的には自己責任が原則です。しかし、日本人の場合、村社会ということもあり、多様な人間関係の中で誘われたら断れない人間関係も多く見られます。一方で、「あの人に誘われなかったら損をしなかったのに」と陰で不平不満や悪口を言います。これが悪評判となり、「ＭＬＭで友だちをなくすから」と揶揄されるゆえんです。

それともう一つ見逃せない点は、商品系のＭＬＭの場合、流通している商品に対しコミッションが支払われます。毎月売上ゼロからスタートします。

従って、一時的に収入が取れても、長期間継続的に収入が取れるビジネス・モデルではありません。絶えず新規の会員（ディストリビューター）探しに奔走しなければなりません。これが半永久的な労働的継続収入といわれるゆえんです。

建前上は「あなたの為に素晴らしい商品を紹介する」という触れ込みで伝えます。しかし、結局振り返ってみると、「あなたの為」でなく、「自分の為」になっていることが多くなる場合があります。

本当に「あなたの為」なら、その商品を使うことで「良かった！」と感じるはずです。

サプリメントのＭＬＭの場合、薬事法の規制があるため、資料等に薬事効果を記載できません。

従って、セミナー会場等で口頭限りとして各自体験談を語り、その効果をＰＲします。これは薬事法に抵触しかねず、薬事法の問題をいつも抱えながらビジネスを進めていくことはビジネス・モデル的には余りお奨めできません。

私はサプリメントのＭＬＭをやっているご夫妻を知っていましたが、ご主人は脳梗塞で死去、奥様は乳がんで今年亡くなられました。皮肉な話と言えます。

（2）ＭＬＭの市場を経営コンサルタントとして４Ｓの視点から分析すると

私はエンジェル企業に投資し、その企業が成功するよう経営コンサルタントとして支援しています。その時の基準に４Ｓがあります。

４Ｓとは、

１番目のＳ　社会性

２番目のＳ　将来性、市場性

３番目のＳ　成長性

４番目のＳ　収益性

この４Ｓの基準をクリアして、初めて投資を検討します。

詳細は、「第２章 生涯現役社会が日本を救う！１（３）常に新しいことを学習する」をご参照願います。

（3）レッドオーシャン市場ｖｓブルーオーシャン市場

前述のＦＣビジネスで上記の４Ｓの基準をクリアするものはまずありません。レッドオーシャン市場でいかに勝ち抜いていくか、そのノウハウが個人には無いので、そのノウハウを伝授するのがＦＣビジネスの基本です。

一方、商品系のＭＬＭも４Ｓをクリアしていない場合があります。

特に市場性において、レッドオーシャン市場です。限られたパイの中の競争です。ＭＬＭは米国が発祥の地で、日本に初めてＭＬＭが入ってきたのは１９６９年です。

それ以降、市場は急成長し２０１０年頃には１兆円市場となりました。しかし、その後も１兆円市場で推移しており、成熟市場といえます。

ＭＬＭ主宰企業の成長曲線は、日本上陸時以降数年は急成長カーブを描き、その後売上が急下降し、一定のレベルで下げ止まっています。

私は、ＭＬＭのビジネス・モデルの基本は、品質が良く、市場価格よりも割安な商品を友人知人に伝えていくことで喜びの輪が拡がることが基本なので、下げ止まった現時点の売上高が本来のあるべき売上高と考えます。

レッドオーシャン市場のＭＬＭでお奨めできるのは、毎日使用するリピート商材で、市販の商品より安い商品です。スキンケア商品は一例です。但し、組織構築には時間がかかり、それほど大きな収入は期待できない前提でＯＫなら女性を中心にお奨めといえます。

なお、サプリメントの場合、デフレが進行し、口コミで伝えなくても、安くて良い商品を気軽に入手できます。

但し、一般論として、ＭＬＭが取り扱うサプリメントの方が市販品より良いとされています。商品単価は概ね1万円程度です。バブル崩壊以降、サラリーマンの小遣いは半減し、3～4万円と言われています。

そんな中で、毎月1万円の負担は経済的に厳しいです。健全なＭＬＭなら、その半額程度で期待した効果があり、伝えることができるかどうかがポイントです。

収入が取れなければ、月額1万円の負担に耐えかね、早晩辞めていきます。

それでは老後の生活資金が確保できない人はどうすれば良いのでしょうか。

（４）経営コンサルタントとしてお奨めできる最強のビジネス・モデルとは？

生涯現役人生を送る為には、ある程度の経済的余裕は必要です。前述の通り、ＦＣは投資リスクが大きすぎ、生涯現役人生を送るには余りお奨めできません。

また、各種代理店ビジネスも、基本的には労働収入です。年齢制限があります。なお、フルコミッションで働く代理店ビジネスは余りお奨めできません。企業側のメリットの方が大きく、収入が取れず、骨折り損のくたびれもうけとなることが多いです。

それでは、生涯現役人生を生き抜くための最強のビジネス・モデルを経営コンサルタントの視点で追求してみたいと思います。

①ＭＶＰ経営

私は経営コンサルタントの立場として、中小・ベンチャー企業経営者にはＭＶ

P経営を強調しています。

MVP経営とは私の造語で、下記英語の頭文字をとってMVPと名付けました。

Mission 経営者に明確な経営理念があるか。その使命感です。

Vision 次にミッションに対し、明確なビジョンがあるかどうかです。ミッションだけでは事業はできません。5年先、10年先、20年先を見通すビジョンがなければ人はついてきません。

Passion 中小企業の経営は、経営者が全てです。トップが明確なミッションとビジョンがあるから、従業員はついてくるのです。そのミッションとビジョンが本物であるかどうか、従業員は見ています。本物でなければ従業員はいずれ離れていきます。トップの本気度、経営に対する真摯な姿勢が試されています。

この3つが揃っている経営者を私はMVP（Most Valuable President）と呼んでいます。

②経営戦略

MVP経営に続き、重要なのは経営戦略と事業戦略です。ここでは前述した4

Ｓで見てみましょう。

１番目のＳ　社会性

現在は激動の時代です。令和の時代になって更に加速化していくでしょう。ビジネスチャンスは無数にあります。ＡＩ、ビッグデータ、５Ｇによる通信革命、国家のエネルギー戦略の破綻による代替エネルギー、プラスチックゴミ問題、人口減少社会、認知症患者の増加、２０２５年問題等々。

そこにはニーズがあります。そのニーズに素直に耳を傾けて見ることです。

一例を挙げて考えてみましょう。

国民の立場から見ると、社会保障制度の破綻で、将来に対する不安、年金が果たしてもらえるのかどうかといった不安です。

特に中小企業勤務者、自営業者、高齢者には年金の先行きが不安です。民間で社会保障制度に代わる事業はないのか？

また、リビングリスクに対するニーズです。生活をしていく上での不安を解消する商品・サービスにはニーズがあります。

例えば、病気、事故、けが等で一時的または永久に働けなくなったりするリスクまたは死亡です。

これらは生命保険が該当しますが、年々可処分所得が減少していく中で、積立型の生命保険の解約が年々増加し、掛け捨ての生命保険または都道府県民共済等にシフトしています。家計費は節約したいが、リビングリスクに対し、安心を買うという日本人の国民性の表れです。

また、他人及びその所有物に対し危害を与えるリスクもあります。最近は自転車事故が急増しています。子供が路地裏から自転車に乗って飛び出し、他人をけがさせるケースが続出しています。また、スマートフォンを使用しながらの運転も見かけます。その為、最近は自治体が自転車に個人賠償責任保険を義務づけるケースも出てきました。

一方、葬儀費用の世間相場は200万円程度と言われています。

私はかつて家族の葬儀費用の共済に毎月3千円の掛け金で加入し、満期を迎えました。その間、特に葬儀は発生しなかったので、60万円分親族の葬儀のために充当できます。自分が死んだ時に家族にはできるだけ経済的に負担を掛けたくないと多くの日本人は思います。また、家族が死んだ時も負担を減らしたいというニーズも多いと思います。

2番目のS　将来性、市場性

民間による社会保障制度を補完する事業の市場は非常に大きいと言えます。具体的には、第2の年金の確保、生涯現役人生を生きていく上での生活不安を解消するサービス、生活費の節約等が挙げられます。

しかし、ニーズはあってもその市場を創っていくには膨大な初期投資がかかります。事業が採算に乗るまでは、長期間かかります。

経営戦略で最重要なのは、どこまでリスクが取れるのか。最大リスクを把握して、そのリスクの範囲内ならやるべきかどうか決断することです。

次に資金繰りです。これも重要です。自社資金で賄えるのか、銀行借り入れするのか。その点も経営者の重要な判断材料です。

それを負担する覚悟が経営者にあるなら、将来性、市場性は大きいと言えます。

この市場は、中小企業従業員と高齢者がターゲットとなるので、日本の総世帯数5000万世帯の巨大市場がターゲットとなります。

3番目のS　成長性

ブルーオーシャン市場の場合、市場参入当初は、社会的認知度も低いし、事業を軌道に乗せるまでは幾多の困難に遭遇します。丁度太平洋に小舟一隻で船出するようなものです。途中、暴風雨に遭い、難破することの方が多いです。だから、経営者のこの事業を成功させる不断の決意と努力が欠かせません。

しかし、この種のインフラ構築事業は、損益分岐点を超えれば、急上昇の成長カーブを描いていきます。

4番目のS　収益性

急成長カーブを描くことができれば、それに伴い収益性は一気に増してきます。

インフラ構築タイプのビジネス・モデルでは、損益分岐点に乗せるまで、どの程度期間を要するかです。それにはかなりの時間を要します。その期間、ずっと赤字が続きますが、最大のリスクはいくらなのか。それを計算して、資金繰りも含めそのリスクをとる覚悟が経営者にあるかどうかが最大のポイントといえます。

③事業戦略とそれに基づくマーケティング戦略

経営戦略に基づき、どのようなビジネス・モデルを構築するのかが最重要です。特に資金力が弱い企業の場合、他人の資金を借りて、事業展開していくことになります。その典型がＦＣビジネスです。

しかし、ＦＣの加盟店としては一般の方も参加できますが、資本がなければ難しいですし、リスクも伴います。

それでは第2の年金確保、生涯現役人生を生きていく上での生活不安を解消するサービス、生活費を節約する商品、サービスを提供するためには、日用品、食料品を安く仕入れる仕組みを創る必要があります。その為には、規模の原理、スケールメリットが必要となります。

資金力が弱い中小企業の場合、他人の資金力を借りる手段の一つとしてＦＣ以外にＭＬＭがあります。

ＦＣの最大のデメリットは、個人の側から見ると、多額の初期投資が必要となることです。

一方、ＭＬＭの場合、多額の初期投資はそれ程必要としません。前述のように、少額の初期投資で済むビジネス・モデルを作れば良いことになります。ＭＬＭは中小企業、個人双方にとって資金負担を最小限に抑えることのできる業態と言えます。


これまで経営コンサルタントの視点からＭＶＰ経営、経営戦略、事業戦略等の切り口でビジネス・モデルを検討してきました。

前述の４つのＳを網羅している内容で、それをＭＬＭで可能性のある分野についてお話しします。

商品系のＭＬＭの問題点は前述の通りなので、ここではブルーオーシャン市場をターゲットとした非商品系、即ちサービス系ＭＬＭを考えたいと思います。

本書を通じて私は社会保障制度の将来の破綻とそれを見通して自分の人生設計を立てることをお奨めしました。

それなら第2の年金を創っていくサービスならニーズが大きいです。また、リビングリスクに対する不安解消もニーズがあります。

その為に、先ほどのミッションとビジョンが重要となってきます。

更には生活費の節約もニーズが大きいと言えます。

「破綻しかけている年金制度の補完として、皆で一緒に第2の年金制度を創り上げて行こう！この高く掲げたトーチを希望の光として、将来の充実したライフスタイルを夢見て、一緒にその夢を叶えよう！」ということが一にも、二にも重要となってきます。

しかし、これでは金銭の授受だけなので、ネズミ講の類いとなってしまいます。

そこで付帯サービスが必要となります。その付帯サービスも他社と徹底的に差別化できる内容が重要となってきます。他社との差別化が大きければ大きいほど、将来ブルーオーシャン市場を勝ち抜いていく大きな力となります。

そこで国民のニーズに耳を傾けて見ましょう。

今後、消費税が更に増税されていきます。国民の立場からは、可処分所得は減少し、負担だけが増していく将来不安があります。それなら日用品、食料、光熱費、住宅費等が安くなれば良いと思います。これが国民のニーズです。

しかし、ＭＬＭ主宰企業が、最初から市販商品と比べ安価な商品、サービスを提供することは厳しいと言えます。

それにはスケールメリットが必要となります。ここに数の論理が働きます。先ほど、コンビニの例で触れましたが、コンビニのパイオニアセブンイレブンは、今や2万店舗を超す巨大インフラを構築しました。ここにスケールメリットが発揮されます。

最初は加入者数が少ないのでスケールメリットは発揮できません。しかし、加入者数の増加に伴い、徐々にスケールメリットを発揮します。

ここで一つ重要な点に触れておきます。

通常ＭＬＭ主宰企業は、商品・サービスにポイントをつけ、コミッションの原資としています。しかし、それでは他社との差別化はできません。

その代わり、毎月の会費の中から固定費をカバーしていくことになります。そして、会員向けに販売する商品には利益を乗せずに販売していくビジネス・モデルが確立できたら、他社との強力な差別化となります。

この会員向けのクローズドショップのビジネス・モデルはコストコのビジネス・モデルと似ています。コストコの利益の70％は会費からと聞いています。

従って、最強のビジネス・モデルの一つになり得るのは、コストコのようなビジネス・モデルで徹底的に生活費を節約していくことです。しかし、コストコのビジネス・モデルを追求しても、巨人コストコと競争しても、極めて困難なことです。また、コストコのビジネス・モデルは会員制と言っても、あくまでも顧客と販売者の立場です。しかし、私が奨めるビジネス・モデルとは、会員を増やすことで、報酬が得られることです。この組合せがオンリーワンのビジネス・モデルとなっていきます。

なお、ＭＬＭでは、会員同士は顧客と販売員の関係ではなく、会員同士の仲間という位置づけとなります。

第2の年金の確保ができた会員が実績として次々と現れたとき、このビジネス・モデルは成功へと向かっていきます。更にはリビングリスクの軽減サービスも付加されれば、更に魅力あるビジネス・モデルとなります。つまり、生涯現役人生を生きていく上での生活不安、即ち第2の年金確保、リビングリスクの軽減、そして生活費の節減を提供するサービスがあれば最強のビジネス・モデルと言えます。

しかし、このビジネス・モデルを追求して行くには、時間がかかります。その間、MLM主宰企業の資金負担もきつくなります。

だからこそ、トップ経営者のミッションとビジョンが大切なのです。そこにパッションが湧いてきます。単なる金儲けだけならばついてくる人は余りいません。

さて、マーケティング戦略とは4Pの最適化です。

4Pとは、

◆Product（製品）

ここでいうProductとは前述の「第2の年金の確保による経済的安定、リビングリスクの軽減と、生活費の節約を計るというサービスの提供」のことです。しかし、開業当初は、会員のニーズを満たすことは難しいといえます。

その為に、ターゲッティング、セグメンテーション、そしてポジショニングが重要となります。

ターゲッティング：これはターゲット、即ち誰がターゲットなのかを決めることです。それは中小企業従業員、個人事業主、そして年金生活者等で第2の年金と生活費の節約に関心のある層です。しかし、これではターゲットが広すぎます。

そこで次のセグメンテーションです。この段階では誰にターゲットを絞り込むのか。それはトップ経営者のミッションとビジョンに同意して、それを広める志のある、市場を開拓することに興味を持つような層ではないでしょうか。例えば、MLM方式は口コミ方式ですので、自ら動くことを厭わない行動派層の人達なら、通常のMLMとは異質の商品・サービスのコンセプトに同意し、広めていくことができるかもしれません。やがて会員数の増加に伴い、商品、サービスの充実が図られていきます。しかし、最初は商品、サービスが会員のニーズを充分に満たせるものではないので、拡大するまで時間がかかります。

最後はポジショニングです。

提供する商品、サービスの位置づけです。これは下記4象限に分かれます。開業当初は、サービスが殆どないわけですから、低サービスです。それに見合う会費は高いので高価格と言えます。これを数の論理で、会員数の増加と共に、サービス数を増加させ、このギャップを少しずつキャッチアップしていくことになります。

高価格 高サービス	高価格 低サービス
低価格 高サービス	低価格 低サービス

◆Price（価格）

毎月支払う会費です。余り高くしすぎると、直ぐに儲かる人が出る反面、落伍者も多数出てきます。

◆Place（販売チャンネル）

ＭＬＭは口コミで友人知人に伝えていきます。その時の注意点として、その仕組みの中に商品在庫を持たせる仕組みを入れてはいけません。商品購入を報酬の対象にすると、どうしても不要不急の商品を買い込むことになってしまい、被害者を出す仕組みとなるからです。

通常の代理店方式は一人の代理店ができるだけ多くの見込客を勧誘していく仕組みです。この方式の場合、優秀な営業パーソンに有利な仕組みとなります。しかし、私が考えているビジネス・モデルは、一人の会員が伝える友人知人の数を数人程度の少人数でも収入が取れる仕組みにしています。これなら営業経験のない主婦でも参加できます。

◆Promotion（報酬プラン）

初期投資や毎月の会費が高いと直ぐに大きな収入が取れます。一方、これを低く抑えると、収入を取るまで時間がかかることです。そのさじ加減が経営者には求められます。

さて、４Ｐの最適化により、事業が軌道に乗り、損益分岐点を超えると事業は成長軌道に乗り始めます。

この段階になると、だいぶ会員の求める商品、サービスが充実してきます。会員数の増加により、徐々にスケールメリットが発揮され、会員の期待するサービスが登場してきます。サービス数が増えても、スケールメリットが発揮されるので、会費を値上げしないことがこのビジネス・モデルの大切な点です。

そして、ある一定の段階を超えると成長曲線が一気に上昇していきます。そして、これまでＭＬＭに関心を持たなかった経営者層や個人事業主、個人も関心を持ち始めます。

これまでＭＬＭは既存のＭＬＭ市場約６５０万人のパイの取り合いでした。だから一時的に売上が急上昇していっても、いずれは天井を打ち、下降曲線を描いていきます。

従って、既存のＭＬＭ市場を突き抜けて、５００

０万世帯の巨大市場に参入していけることができるかどうかが、最大の成長要因です。

※ＭＬＭの市場は個人のディストリビューター中心の考え方をとり、人数で捉えています。一方、社会保障制度の補完市場としては世帯数で把握しているので、世帯数として捉えています。

その為の前提として重要な点は、
○トップの経営者の魅力、信頼性、そして本気度があるかどうか。
○ビジネス・モデルが魅力あるかどうか。その一つに第2の年金として継続的安定的に収入に得られるかどうか。一時的に大きな収入が得られても、一過性の収入ではないかどうか。
○事業戦略に魅力があるか。これが明確なら経営者層にも伝わり、事業として捉えて魅力的なのかどうか。その際、会社の事業資金、新規事業投資資金にも回せるかどうかがポイントです。

○会社の財務内容が安定しているか。経営者にとってこの点も重要です。また、定款や会則等で、会社の余剰資金を当該事業以外に投資することを禁止しているかどうかも重要です。

日本の年金も、国民から徴収した年金原資を他の用途に流用したり、株式投資したりしていますが、これは絶対にやってはいけないことです。

かつての生保が保険料を株式投資や不動産投資して、バブルが弾け、これで大失敗し、経営破綻していきました。

この4点が確認できたら、経営者層は事業参加してきます。その結果、会員数は急拡大していきます。

これをティッピング・ポイントといいます。ティッピング・ポイントは、ある時点を超えるとその商品の売上げが急拡大していくポイントを言います。最近の事例では、スマートフォンがそれに該当します。

次にもう一つのティッピング・ポイントがあります。

それは先程来から触れている商品、サービスが会員のニーズを満足する段階です。

毎月の会費以上のメリットが得られ、生活費の節約に繋がれば、ＭＬＭに参加

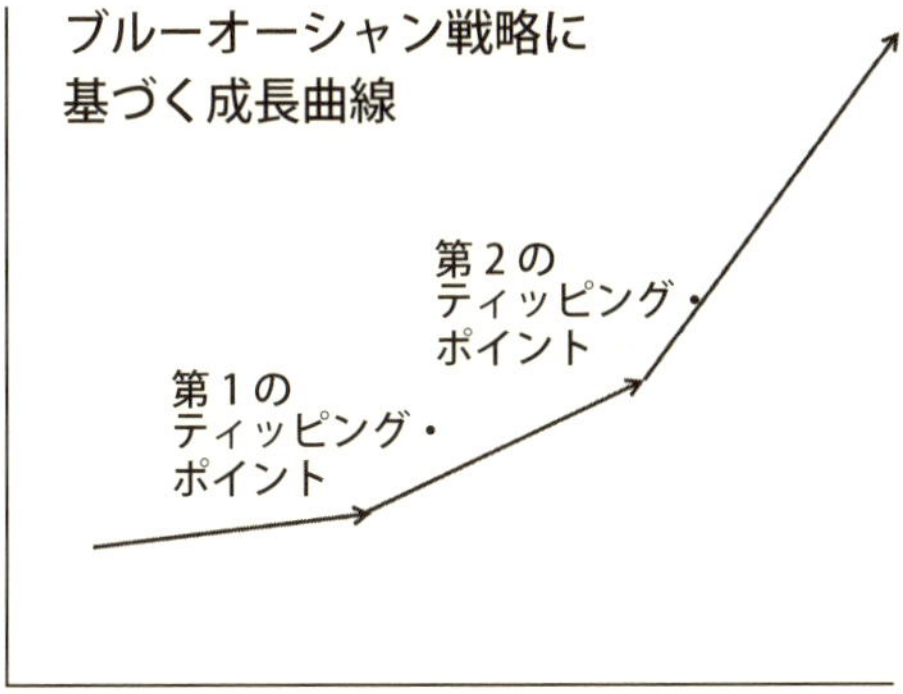

しない非ビジネス会員が加入してきます。例えば、電気、ガス、水道といった光熱費、そして、食料品、日用品です。それを会員向けのｅコマース・ショップを充実していくことです。

生協（生活協同組合）も非営利組織として会員制を採用していますが、従業員を抱えているので、それほど安いとは言えません。因みに我が家も生協に加入していますが、利用の理由は、商品に対する信頼と毎週配達してくれる利便性です。なお、生協は非営利組織ですが、生協のビジネスは収益事業として見做され、法人税を支払っています。

生協と比べ、メリットがあれば単にサービスを利用するだけの非ビジネス会員が加入してきます。

その節約が大きければ大きいほど非ビジネス会員の加入が急速に拡大していきます。

その時点を第2のティッピング・ポイントと言います。

一方で、その時点では新規会員獲得のためのＭＬＭは必要では無くなってきます。その時がマーケティング戦略の転換点です。

つまりＭＬＭの代わりに、生損保代理店がやっている通常の代理店ビジネスです。

また、ｅコマースからの加入も充分効果のある販売手段となります。

この段階になると、中小企業向けの福利厚生サービスの一環として提案もできます。その時は、ボリュームディスカウントも可能なレベルとなり、加入者の普及に弾みをつけていきます。

更に、この時点ではエンドユーザーからの知名度がかなり上がってきます。

都道府県共済が販売促進として採用している資料のポスティングまたはコンビニ、スーパー等の店頭に資料と申込み書を置いて、エンドユーザーの意思で申込み書を投函する加入方法も可能となってきます。

その先は、５０００万世帯をターゲットとして、一気に売上を拡大させることが可能な段階です。これが競合他社のいないブルーオーシャン市場を突き進んでいく事業戦略のイメージです。

（５）最強、最勝、そして最幸のビジネス・モデル

最強のビジネス・モデルは、既に解説しました。

最勝とはどんな仕組みでしょうか。それはWin-Winの仕組みです。

先ほどコンビニの例で、コンビニの取引業者は薄利多売を要求されます。Win-Winのビジネス・モデルでは、取引業者も適正利潤を確保できる仕組みです。

モノが売れない供給過剰の時代が相変わらず続いています。消費増税となれば、更に消費者の財布のひもは固くなり、モノが売れなくなります。その為、アウトレットモールが大盛況です。その反面、メーカー、販売業者は疲弊していきます。

それを会員専用のショッピングモールにすれば市場価格を大きく崩さなくて済むので、メーカー側は歓迎です。

人口減少社会が更に進展していく中で、アウトレットモールとしての役割を持つ会員専用のショッピングモールは今後更にその役割を発揮していくことでしょう。

最後の最幸のビジネス・モデルとは、安定的に継続収入が得られることで、まずは第2の年金を確保できることです。

その結果、豊かな生涯現役人生が送れること。自分の夢が叶うこと。そして、幸福感を実感できることです。

さらには、自分の子や孫の世代まで相続できる仕組み、子孫まで幸福を引き継ぐビジネス・モデルになっていたら更に良いビジネス・モデルといえます。

(6) 自由の効くライフスタイルを手に入れる

現在の社会情勢を見て、自分の未来に夢を描ける人は少ないと思います。

これまで見てきたビジネス・モデル、ＦＣも商品系のＭＬＭでは、自由の効くライフスタイルを手に入れることはごくごく一部の人に限られます。

一方で、ブルーオーシャン市場で事業展開をしているサービス提供型ＭＬＭの場合、安定的な継続収入を得ることができます。

その結果、３つのリッチが得られたら、そのＭＬＭは本物のＭＬＭと言えます。

① Money rich
② Time rich
③ Friend rich の３つです。

安定的な継続的な収入を一生涯得て、自分の好きなときに休暇を取り、気の合う仲間と一緒に余暇を過ごす。更には社会貢献活動しながら、世のため人のために人生を送っていくことができたら、楽しいと思いませんか。

私もこれまでＭＬＭという業態には否定的でした。

しかし、ブルーオーシャン市場を取り込めるビジネス・モデルなら是という立場に変わりました。

経営コンサルタントとして、ＦＣビジネス、代理店ビジネス、ＭＬＭ等多種多様なビジネスに出会ってきました。

しかし、初期投資が余りかからず、商品購入と在庫がないＭＬＭ、継続的に入る報酬プランなら、リスクを最小に抑えられるビジネス・モデルと言えます。

もし、ＭＬＭ以外で他にこれに勝るビジネス・モデルがあるなら、是非ご紹介してください。真摯に検討させて頂きます。

（7）生涯現役人生を生きるシニアベンチャー起業家たち

私は中小・ベンチャー企業経営コンサルタントとしてエンジェル企業を中心に16社数千万円の出資をしてきました。

その中で様々な経営者と出会ってきました。その度毎に私自身大きな学びを得て、自己成長してきました。

中には挫折して、事業成功の夢を断たれたベンチャー企業経営者も多数います。

しかし、それでも日本を明るく、活力のある社会にして行くには、時代の先端を駆け抜ける新しい時代を創る経営者たちが必要です。

その中で、生涯現役人生を実践しているシニアベンチャー起業家４名をご紹介したいと思います。彼等は生涯現役人生を提唱している私にとってはお手本です。

一人目は女性経営者一般社団法人コミュニティソーシャルサポート・高山れい子代表を紹介したいと思います。彼女は78歳の現役バリバリの実業家です。

人生１００年時代に向かって寿命が伸びていく中で、健康寿命を伸ばすための健康資本主義です。

各自が自分の健康度をしっかり自覚し、いかに高めるかです。生涯現役人生を歩んでいる人生の先輩として尊敬しています。

二人目は、80歳のシニアベンチャー起業家株式会社ジーテック代表取締役・櫻井孝幸氏です。櫻井社長は、過去循環型経済社会に挑戦し現在は再生可能エネルギー「マイクロ水力発電システム」の研究開発中で製品を完成させ世に貢献したいと、全力投球中です。私も顧問として応援しています。

三人目は、一般社団法人全国獣医師共栄会代表理事・塙隆三郎氏です。今年喜寿を迎えますが、東芝を退職してから様々な事業にチャレンジしています。

塙隆三郎代表理事とは、最初は光触媒ビジネスでの出会いでした。現在は、動物病院従業員向けに助成金を活用した従業員教育を推進しています。

助成金ビジネスは、役所からの入金が実績後に支払われる仕組みなので、これまで資金負担がきつかったそうです。やっと、今年からこれまで3年に及ぶ苦労が実ってきたそうです。

最後は、株式会社地方再生支援機構の代表取締役・岩城誠氏です。防衛省で調達関係の責任者をやっていた方で、海上自衛隊出身で、私と同じ昭和24年生まれです。

岩城社長の念いは、自衛隊員は任期制隊員が20代で、一般隊員が50代前半で退職させられ、再就職先では現役時代の経験が活かせず、不満を抱いているＯＢが多いことから、国に代わって支援することです。

東日本大震災発生の際に、自衛隊員が大活躍していました。しかし、外敵からの国防に任ずるべき自衛隊員の半数が被災地で救援活動をしている実態を見て、国防が手薄になる危機感を覚えました。そこで、自衛隊ＯＢを被災地に派遣し復興活動を支援する事業を実施しました。

東日本大震災の時に被災者を苦しめた最大のネックは電力供給ができなかったことと避難場所を含め民間の支援体制が不足していたことをです。

その苦い経験から、現在は、平時から全国に防災基地を作り、発電施設を造って、震災に備える事業を進めています。その為に、一般財団法人災害支援財団を立ち上げました。

私はその実戦部隊の株式会社地方再生支援機構と防災基地推進機構株式会社に出資し、役員として支援しています。

おわりに

17年前の前書「超失業時代を勝ち抜くための最強戦略」と比べ、大きく違うのがインターネットのお陰で、不確かな知識は検索することで確認できます。情報源が、書籍以外にも大きく増えました。これも時代の流れと実感しています。

さて、大企業を定年退職した人は企業年金があるので比較的豊かな老後を送ることが可能です。

しかし、ここに大きな落とし穴があります。

人生１００年時代では、認知症、介護老人の数が激増することが予想されます。最後の10年前後は、寝たきり痴呆老人になります。

その為に、心身共に元気でいることが重要です。その解決策が「生涯現役人生を送る」ことです。

一方、本書は若い人にも是非読んで欲しいと思います。私が三井物産に入社した昭和47年は高度成長の時代でした。あれから50年近くが経ち、国際情勢も含め世の中は大きく変化しました。

その後総合商社業界では、下位商社が倒産または合併を余儀なくされました。大手の伊藤忠商事や丸紅さえも一時経営危機がささやかれました。大手5社、三菱商事、三井物産、伊藤忠商事、丸紅、住友商事は合併もなく社名変更もなく現在に至っています。しかし、一頃のコミッションマーチャントから本社は戦略的ヘッドクォーターとなり営業部門を子会社化して業態を大きく転換して生き残っています。

一方、金融機関では大手銀行は合併、事業破綻等で全て社名を変えました。証券会社も山一証券が自主廃業し、多くの企業が経営統合しました。生損保業界も然りです。

過去50年間で時代の変化について行けない企業は大企業でも倒産の憂き目に遭ったり、他社に買収されてきました。

また、終身雇用の時代は終わり、一流大学を卒業して一流企業に就職する時代は終わりました。


今後の50年間は、ＡＩが本格的に政治経済社会を支配する時代となります。そして多くの職業がなくなり、多くの企業が統廃合、倒産の憂き目を見ることになります。

人生１００年時代に向かって更に時代は進んでいきます。

２０５０年までに日本の１００歳以上の人口は１００万人を突破すると予測されています。

２００７年に日本で生まれた子供の半数は１０７歳以上生きると予想されています。


自分がどのような人生を歩んで行きたいのかを人生計画を立てて生きていかな

いと個人的にも生き残れなくなっていきます。また、絶えず変化に対応できる自分作りをしていかないと悲惨な人生を送ることになります。

なんとなく生きていると、あっという間に定年を迎え、路頭に迷う存在となってしまいます。

その時、国もあなたを守れるだけの国力がなくなっています。

日本のＧＤＰが中国に抜かれたのは２０１０年ですが、その後日本のＧＤＰは横ばい状態が続いており、中国に引き離される一方です。そして、その年から日本の総人口は減少に転じています。最近は3年間で１００万人も減少し、そのペースは更に拡大しています。21世紀末には現在の人口の半分になると予測されています。インド、ブラジル、インドネシア等の新興国にもいずれＧＤＰで抜かれていきます。

私は人生１２０年計画を立てています。後、50年生涯現役人生を送り、心身共に元気で生きていく事を計画しています。

その為に24年前から朝の運動を日課としています。朝6時に起床し、1時間半の運動（ストレッチ＋筋トレ）をします。

その後、階段を使ったトレーニングをします。私の住むマンションは18階建てなので、13階の我が家から1階まで階段を降りていき、マンションの中庭を散歩します。その後、18階まで1段おきに上り、最後は13階の我が家まで降りてきます。

生涯現役人生を生きている自分が年より老けて見えて、元気がなければ示しがつきません。

朝のトレーニングのお陰で、毎朝爽やかな1日が始まりです。同時に幸せを感じます。

昭和の時代は、高齢者に対し、国民の祝日を設けて「敬老の日」として長生きを祝っていました。

しかし、人生100年時代、敬老から軽老へと変わり、尊敬できる高齢者は少なくなってきています。

60代	ゴールデンエイジ
70代	プラチナエイジ
80代	エメラルドエイジ
90代	ダイヤモンドエイジ
100歳以上	プライムダイヤモンドエイジ またはセンテネリアン

そこで、生涯現役人生を生きるアクティブシニアを私は、人生の勝者、ウィナーズと呼び、60代以降のシニア層を、前記の通り5つに分類しました。

いかがでしょうか。前期高齢者、後期高齢者と呼ばれるより、こう呼ばれた方が気持ちが明るくなりませんか。

因みに私はプラチナエイジです。人生70年に及ぶ経験と知恵を世の中のお役に立てればと思っています。

それが私の人生の行動哲学「活私豊幸」＝「自分を活かしながら人生の途上で出会った人々をいかに豊かに幸福にできる人間でありたい」です。

人の為にお役に立つことをいつも考え、それを実践していると、相手から感謝されます。それが喜びとなります。これが大きければ大きいほどその喜びは大きくなります。

私くらいの年齢になると、だんだんとそういう気持ちが強くなって来ます。

本書は、私の行動哲学の最終形「最高の自己を差し出す」第一歩と考えています。

そして、30年後、１００歳の時に、「いつでも夢を」を出版する計画です。

同書は私の人生の履歴書です。「常に最善のもの、最高のものをより多くの人々に差し出そう、提供しよう。そしてより多くの人々の人生に貢献できたか。利他の思い、愛他の思いで生きることができたか」が自己採点の評価ポイントです。もし、合格点が出せるようなら、「最高の自己を差し出す」集大成であり、同書が最終章となります。

そして、後20年感謝と報恩の気持ちで生きて帰天したいと思います。

令和元年5月26日　古稀70歳の誕生日の日に

菅谷 信雄

筆者後記

３月28日付私のメルマガ「奇人変人の異見‐３３２「そろそろ消費増税撤回の時期？」と題して消費増税延期の可能性を採り上げました。最近のマスコミの論調を見ると、消費増税延期論がかなり出始めています。本書が出版される頃には結論が出ていることでしょう。

安倍首相は、２０１４年４月の消費増税により消費不況になったので、そのトラウマがあります。今回も、消費増税すれば消費不況になるのは明白です。官僚は責任をとりません。責任をとらされるのは安倍首相ですよ！

著者　菅谷信雄プロフィール

◆1972年　一橋大学商学部卒（マーケティング専攻）田内幸一ゼミ

◆1972～1997年　三井物産㈱に25年間勤務。

三井物産在籍中に、若手物産マンの人材育成プログラムCDP(career development program)に従い、開発会計で財経部門を3年間経験した後、3年毎に国内鉄鋼営業、石炭部、北米研修員、カナダ三井物産新規炭鉱開発兼契約担当窓口、鉄鋼部門のシステムコーディネーターを経験後、自ら希望して新設の情報産業部門に異動。

異動後の最重要案件として、テレマーケティングの新会社㈱もしもしホットラインの設立業務に従事。同社は、1987年6月23日に設立。現在年商1千億円、従業員3万人（内正社員1万人）、東証一部上場企業となり、りらいあコミュニケーションズに社名変更

その後、情報通信事業部の新規事業責任者。最後は東京電力他と共同出資会社東京通信ネットワーク株式会社に出向

◆1997年～現在

・2002年　世界最小の総合商社（有）マーキュリー物産設立

・2002年　初出版「超失業時代を勝ち抜くための最強戦略」紀伊国屋新宿本店ベストセラー書週間第5位

・三井物産退職後、22年間で16社に数千万円投資。内1社上場、現在数社が上場に向けて事業推進中
・2014年5月　NPO生涯現役推進協会設立
・2015年7月　一般社団法人空き家問題解決協会設立
・2016年2月　電子書籍「マンション管理、7つの失敗とその回避策」をアマゾンから出版

参考文献

第1章　政府の社会保障政策の失敗で1100兆円の借金！
　今後も更に増え続け、子々孫々まで垂れ流し！
「断絶の時代　新版」（ピーター・ドラッカー著　ダイヤモンド社）
「未来の年表」（河合雅司著　講談社現代新書）
「みらいのお金の話」（松田学著　アスコム）
「未来をかけた戦い　幸福を実現するために」「繁栄の国づくり　日本を世界のリーダーに」（両書とも幸福実現党党首釈量子著　幸福の科学出版）
「高血圧はほっとくのが一番」「やってはいけない高血圧治療」（松本光正医師書　講談社）
「がんもどきで早死にする人、ホンモノのガンで長生きする人」（近藤誠著　幻冬舎）
「余命3カ月のウソ」（近藤誠著ベスト新書）

第2章　生涯現役社会が日本を救う！

「生涯現役人生　１００歳まで幸福に生きる心得」（幸福の科学総裁大川隆法著　幸福の科学出版）
「生涯現役社会　豊かな長寿社会を目指して」（幸福実現党　矢内筆勝、黒川白雲共著）
「早く60歳になりなさい」（西田文郎著　現代書林）
「ひとり誰にも看取られず」（ＮＨＫスペシャル取材班）
「老人のウソ」（武田邦彦著　産経新聞出版）
「一橋大学百年史」
「挑戦と創造」「三井物産のこころ」（三井物産株式会社）
「永遠の仏陀」（幸福の科学総裁大川隆法師　幸福の科学出版）
「究極の真向法」（加茂真純著　祥伝社）
「生活習慣病に克つ新常識」（小山内博著　新潮社）
「生姜で体を温めれば血液サラサラ　病気も治る」、「体を温めると病気は必ず治る」（石原結實著　三笠書房）
「奇跡のハーブティー」（サー・ジェイソン・ウィンターズ　経済界）
「思考は現実化する」「ナポレオン・ヒルの成功哲学」、「心構えが奇跡を生む」（ナポレオン・ヒル著　きこ書房）
「７つの習慣」（スティーブン・コビー著　キングベアー出版）
「釈迦の本心」（幸福の科学総裁大川隆法著　幸福の科学出版）

第3章　生涯現役人生を生き抜くための最強のビジネス・モデル

「金持ち父さん、貧乏父さん」「金持ち父さんのキャッシュ・フロークワドラント」「金持ち父さんの21世紀のビジネス」（ロバート・キヨサキ著　筑摩書房）
「あなたに金持ちになって欲しい」（ドナルド・トランプ＆ロバート・キヨサキ共著　筑摩書房）
「ブルーオーシャン戦略」（W・チャン・キム＋レネ・モボルニュ著　ダイヤモンド社）
「ネットワークビジネスの研究」（一橋大学名誉教授、三井物産元取締役野中郁次郎著　日経BP）
「GAFA」（スコット・ギャロウェイ著　東洋経済新報社）

おわりに

「Life Shift　100年時代の人生戦略」
（リンダ・グラットン、アンドリュー・スコット著　東洋経済新報社）
「リーダーに贈る「必勝の戦略」」（幸福の科学総裁大川隆法師　幸福の科学出版）

◆本書の問合せ先：http://www.mercury-b.com/

平成出版 について

本書を発行した平成出版は、基本的な出版ポリシーとして、自分の主張を知ってもらいたい人々、世の中の新しい動きに注目する人々、起業家や新ジャンルに挑戦する経営者、専門家、クリエイターの皆さまの味方でありたいと願っています。

代表・須田早は、あらゆる出版に関する職務（編集、営業、広告、総務、財務、印刷管理、経営、ライター、フリー編集者、カメラマン、プロデューサーなど）を経験してきました。そして、従来の出版の殻を打ち破ることが、未来の日本の繁栄につながると信じています。

志のある人を、広く世の中に知らしめるように、商業出版として新しい出版方式を実践しつつ「読者が求める本」を提供していきます。出版について、知りたい事やわからない事がありましたら、お気軽にメールをお寄せください。

book@syuppan.jp　平成出版　編集部一同

生涯現役を生き抜くことが、健康寿命を伸ばす!

生涯現役社会が日本を救う!

令和元年(2019) 7月8日　第1刷発行
令和2年(2020) 8月13日　第2刷発行

著　者　菅谷　信雄（すがや・のぶお）
中小ベンチャー企業経営コンサルタント

発行人　須田　早

発　行　平成出版 株式会社
〒104-0061 東京都中央区銀座7丁目13番5号
NREG銀座ビル1階
インフォメーション本部／東京都港区赤坂8丁目
TEL 03-3408-8300　FAX 03-3746-1588
平成出版ホームページ http://www.syuppan.jp
メール: book@syuppan.jp

発　売　株式会社 星雲社
〒112-0005　東京都文京区水道1-3-30
TEL 03-3868-3275　FAX 03-3868-6588

出版プロデュース／ 若尾裕之 ＜(株)未来総合研究所 http://miraisoken.net＞
編集協力／安田京祐、近藤里実
本文DTP／小山弘子
印刷／(株)ウイル・コーポレーション